Über/Strom: Wegweiser durchs digitale Zeitalter

Reihe herausgegeben von
Mario Donick
Magdeburg, Deutschland

Uta Buttkewitz
Universität Rostock
Rostock, Deutschland

Die Digitalisierung verändert unsere Gesellschaft – das ist nicht bloß eine Behauptung von Wissenschaft und Medien, sondern wir alle erleben das jeden Tag. Daraus ergeben sich wichtige Fragen für unseren Alltag: Wie verändern sich menschliche Beziehungen? Welchen Stellenwert hat heutzutage noch das ‚alte' Analoge? Wie können wir mit Künstlicher Intelligenz leben? Wo bleibt der weibliche Blick auf die Digitalisierung? Wie verändern sich Arbeitsbedingungen und Arbeitsverhältnisse? Was heißen Inklusion und Diversität in einer ‚smarten' globalen Gesellschaft?

Die Texte dieser Reihe laden die Leser*innen ein, ihre persönliche Betroffenheit von der Digitalisierung zu erkennen, über den eigenen Umgang damit nachzudenken und am Ende einen eigenen Standpunkt zu entwickeln. Dazu geben Autor*innen verschiedener Wissenschaftsdisziplinen den Leser*innen gut verständliche Hintergrundinformationen zu den einzelnen Themen. Leser*innen erhalten nützliche Hinweise für ihren Alltag. Es werden Wege durch das Dickicht der ständig neuen technologischen Entwicklungen aufgezeigt, um Leser*innen zu unterstützen, souverän und selbstbestimmt durchs Leben zu gehen – ohne sich durch die digital entstandene neue Komplexität der Welt aus der Ruhe bringen zu lassen.

Sascha Heller

Einmal queer gespielt

Über die Rolle der Repräsentation von LGBTQIA+-Identitäten im Videospiel

Sascha Heller
Halle (Saale), Sachsen-Anhalt
Deutschland

ISSN 2662-3560 ISSN 2662-3579 (electronic)
Über/Strom: Wegweiser durchs digitale Zeitalter
ISBN 978-3-658-48197-1 ISBN 978-3-658-48198-8 (eBook)
https://doi.org/10.1007/978-3-658-48198-8

Die Deutsche Nationalbibliothek verzeichnet diese Publikation in der Deutschen Nationalbibliografie; detaillierte bibliografische Daten sind im Internet über https://portal.dnb.de abrufbar.

© Der/die Herausgeber bzw. der/die Autor(en), exklusiv lizenziert an Springer Fachmedien Wiesbaden GmbH, ein Teil von Springer Nature 2025

Das Werk einschließlich aller seiner Teile ist urheberrechtlich geschützt. Jede Verwertung, die nicht ausdrücklich vom Urheberrechtsgesetz zugelassen ist, bedarf der vorherigen Zustimmung des Verlags. Das gilt insbesondere für Vervielfältigungen, Bearbeitungen, Übersetzungen, Mikroverfilmungen und die Einspeicherung und Verarbeitung in elektronischen Systemen.
Die Wiedergabe von allgemein beschreibenden Bezeichnungen, Marken, Unternehmensnamen etc. in diesem Werk bedeutet nicht, dass diese frei durch jede Person benutzt werden dürfen. Die Berechtigung zur Benutzung unterliegt, auch ohne gesonderten Hinweis hierzu, den Regeln des Markenrechts. Die Rechte des/der jeweiligen Zeicheninhaber*in sind zu beachten.
Der Verlag, die Autor*innen und die Herausgeber*innen gehen davon aus, dass die Angaben und Informationen in diesem Werk zum Zeitpunkt der Veröffentlichung vollständig und korrekt sind. Weder der Verlag noch die Autor*innen oder die Herausgeber*innen übernehmen, ausdrücklich oder implizit, Gewähr für den Inhalt des Werkes, etwaige Fehler oder Äußerungen. Der Verlag bleibt im Hinblick auf geografische Zuordnungen und Gebietsbezeichnungen in veröffentlichten Karten und Institutionsadressen neutral.

Planung/Lektorat: David Imgrund
Springer ist ein Imprint der eingetragenen Gesellschaft Springer Fachmedien Wiesbaden GmbH und ist ein Teil von Springer Nature.
Die Anschrift der Gesellschaft ist: Abraham-Lincoln-Str. 46, 65189 Wiesbaden, Germany

Wenn Sie dieses Produkt entsorgen, geben Sie das Papier bitte zum Recycling.

Vorwort

Queere[1] Menschen gibt es schon immer und auch überall. Da ist es seit dem ersten Videospiel in den 50ern – ich gehe hier einfach mal von 1950 aus, dem Jahr von *Bertie the Brain,* der ersten Computerversion von Tic-Tac-Toe – nicht verwunderlich, dass die Identität, Lebensrealität und Thematik rund um die LGBTQIA+-Community auch in Videospielen ihren Platz finden. Doch als ich 2019 in das Thema einstieg, stellte ich fest, dass die erste queere Person in Videospielen bereits 1989 in ‚*Caper in the castro*' ihren Platz fand. Die lesbische Detektivin Tracker McDyke. Einerseits erschien mir das Datum der 80er sehr früh im Vergleich dazu, dass viele queerfeindliche ‚Kritiker*innen' den heutigen Spielen regelmäßig eine jetzt erst verqueerte,

---

[1] Auch wenn die Begrifflichkeit 'queer' erst später für Menschen der LGBTQIA+ Community verwendet wurde, wird der Begriff hier und im Rahmen dieser Arbeit grundsätzlich als Beschreibung für die LGBTQIA+ Community genutzt, für alle Menschen außerhalb der cisgeschlechtlichen und heterosexuellen Norm benutzt"

woke Agenda vorwerfen. Andererseits hinterließ ein lesbischer Charakter namens Tracker McDyke einen seltsamen Nachgeschmack.

Videospiele werden aber nicht nur immer mehr gespielt, sondern auch erforscht. Der populäre Diskurs der Mehrheitsgesellschaft dreht sich hierbei häufig um das „zu viel spielen", um die Killerspiele und auch um Videospielsucht. Videospiele seien ein ablenkendes Medium ohne positiven Wert für die Spielenden. Doch aus der eigenen Perspektive wie auch der meines Umfeldes zeigen sich Videospiele nicht nur als berechtigte Ausflucht aus den alltäglichen Problemen, sondern auch als Raum der Begegnung. Räume, die in vielen Rollenspielen beispielsweise, Freiheiten ermöglichen. Wer will ich sein? Wie will ich sein? Was will ich machen? Fragen, die sich auch queere Menschen häufig stellen im Kontrast zur queerfeindlichen Gesellschaft, die sie die Fragen nur selten beantworten lässt.

Dabei sind Videospiele selbstverständlich nicht das Nonplusultra und auch nicht ohne Makel. Vielmehr sind sie – wie jedes Medium – ein Werkzeug, das ich zu nutzen lernen muss. Ein Hammer kann nicht sägen und Counter Strike zum Einschlafen funktioniert auch schlecht. Stattdessen kann ein neuer Sims-Spielstand vielleicht eine positive Auseinandersetzung mit meinem Körper anstoßen oder die Heldenrolle in TES IV: Oblivion meine Selbstwirksamkeit und mein Selbstbewusstsein stärken. Sie können Räume der Auseinandersetzung miteinander und mit sich schaffen: Wie finde ich mich im Spiel wieder? Wen treffe ich im Spiel? Mit wem kann ich das Spiel spielen? Gibt es einen queeren Charakter, der ist wie ich? Warum ist der bisexuelle Charakter ein diabolischer, sadistischer Antagonist?

Mit diesen und weiteren Fragen im Sinn soll das Buch die Reise sein, die ich vor Jahren mit der Frage „was für queere Charaktere gibt es in Spielen eigentlich so?" begann und die nun in einer medienpsychologischen Perspektive auf Spiel, Individuum und Gesellschaft endet. 2019 schrieb ich als Gamer*in und queere Person zu diesem Thema eine Bachelorarbeit. Seitdem lernte ich im Psychologiestudium noch mehr über das Thema und bin froh, diese medienwissenschaftlich-psychologische Zusammenstellung nun hier schreiben und veröffentlichen zu können.

Es sind folgende Themen, die ich mir im Studium der Medienwissenschaft so kompakt und übersichtlich gewünscht hätte:

- QUEER (GAME) STUDIES: Was sind Queer Studies überhaupt? Was bedeutet queer? Und wie kann man es in einen Kontext der Game Studies setzen? Was sind queere Inhalte in Videospielen genau?
- GESELLSCHAFT UND NORMEN: Woher kommt in der Gesellschaft die Idee von ‚normal' und ‚nichtnormal'? Welche Funktionen erfüllt diese Normalität? Welche Probleme schafft diese Normalität?
- STEREOTYPISIERUNG & DISKRIMINIERUNG: Was sind Stereotype eigentlich? Und wieso gibt es sie? Wie wird daraus Diskriminierung?
- VIDEOSPIELE ALS LEBENSWELT: Wie präsent sind Videospiele eigentlich in so einem Leben? Welche Motivation für das Spielen gibt es, welche Bedürfnisse erfüllt es? Welche positiven Auswirkungen kann Gaming auf Menschen haben?
- MEDIALE REPRÄSENTATION: Was bedeutet Repräsentation ? Wieso ist sie wichtig? Ist jede Repräsentation gleich gute Repräsentation?
- BEISPIELE AUS DER GAMINGWELT: Wie sah queere Repräsentation in den Videospielen der 90er, 2000er und 2010er aus? Wie entwickelte sich Repräsentation rückblickend?

Sascha Heller

Danksagung

Mein Dank für dieses Buch gilt allen voran Mario Donick für das Interesse und die Möglichkeit, es schreiben **und** in der Buchreihe veröffentlichen zu können. Im selben Atemzug auch ein Dankeschön an David Imgrund von Springer Fachmedien für die Zusammenarbeit und das Lektorat.

Klemens Ketelhut für den immerwährenden Support, für die Reflexionsfläche aller möglicher Gedanken und auch für kritische Rückmeldungen. Autor*innen sind nur so gut, wie die Kritik, die sie erhalten.

Ein Dankeschön an die LUDOBANDE und die #GameStudies Bubble, die ich in diesen ganzen Kontexten kennenlernen, mich austauschen und von denen ich lernen konnte.

Zuletzt ein wertschätzender Dank an meine ehemalige und mittlerweile verstorbene Deutschlehrerin Andrea Mailänder, die mich schon immer schreiben und auch ausreden ließ und darin unterstützte, einfach mein Ding durchzuziehen, auch wenn es außerhalb von Normen und Erwartungen stattfand.

Inhaltsverzeichnis

1	**Einblick: Queer (Game) Studies**	1
	1.1 Warum Queer Studies?	1
	1.2 Queer und Videospiele	10
2	**Gesellschaft: Was ist normal, was nicht?**	17
3	**Stereotypisierung, Diskriminierung und Marginalisierung**	25
	3.1 Warum stereotypisieren wir?	25
	3.2 Zugeordnet und diskriminiert	29
	3.3 Leben außerhalb des Sichtfeldes der Mehrheit	30
4	**Videospiele als Teil der Lebenswelt und Gesellschaft**	37
	4.1 So präsent sind Videospiele	37
	4.2 Warum spielen wir?	40

4.3	Die Wechselwirkungen zwischen Mensch und Medium	48
4.4	Warum ist Repräsentation wichtig?	58

5 ins Videospiel! 67
5.1	Charakteranalysen im Videospiel	67
5.2	Ultima VII Part Two: Serpent Isles (1993)	71
5.3	Fallout 2 (1998)	75
5.4	Jade Empire (2005)	79
5.5	Assassin's Creed 1 (2007)	83
5.6	Mass Effect 3 (2012)	88
5.7	Watch Dogs 2 (2016)	94

6 Schlusswort zur Repräsentation 99

Anhang 109

Literatur 113

Über den Autor

Sascha Heller hat Medien- und Kommunikationswissenschaften in Halle (Saale) und angewandte Psychologie an der DIPLOMA studiert. Neben dem seit 2024 aktuellen Studium im Master der klinischen Psychologie ist er leidenschaftlicher Gamer, verbindet praktisch und theoretisch die Welten der Medienwissenschaft und Psychologie und arbeitet im sozialen Bereich mit belasteten Kindern, Jugendlichen und Familien. Bereits seit dem ersten Studium reflektiert, denkt und forscht Sascha zu Themen wie *Motivation und Emotion im Kontext von Gaming, Einflussfaktoren durch Videospiele, Wechselwirkungen zwischen Gaming und psychischen Wohlbefinden, Videospiele als Lebenswelt von Kindern und Jugendlichen* und weiteren Fragen.

Dies und mehr findet nicht nur auf seinen Kanälen sozialer Medien (@medienmonolog) statt, sondern auch im gleichnamigen Podcast sowie in Blog- und Vortragsform auf seiner Webseite.

1

Einblick: Queer (Game) Studies

Warum beschäftigt man sich überhaupt mit Queer und Game Studies? Diese große Frage wird im ersten Kapitel geklärt, indem wir uns erst die Queer Studies als solche einmal näher anschauen. Worum geht es in den Queer Studies, was bedeutet „queer" überhaupt und welche Perspektiven und Ansprüche bringt diese Disziplin mit? Mit diesem Wissen im Gepäck springen wir dann in die Welt der Game Studies und die Frage: Wie schaue ich Videospiele überhaupt mit den Queer Studies an?

1.1 Warum Queer Studies?

Schon im Buchtitel findet sich das Wort ‚queer' wieder. Das ist häufig als Adjektiv in Verwendung für das Akronym ‚LGBTQIA+' (in deutschsprachigen Kontexten oft als LSBTQIA+ übersetzt). Doch was ist unter diesen beiden Begriffen eigentlich zu verstehen? Das Akronym steht mit jedem Buchstaben für den Anfangsbuchstaben einer Gruppe oder Identität, die nicht der geschlechtlichen oder sexuellen Norm entspricht: **L**esbian, **G**ay, **B**isexual, **T**rans*, **q**ueer/**q**uestioning, **i**nter*, **a**sexual/**a**romantic/**a**gender. Das Plus am Ende verweist hierbei auf die nicht mögliche abgeschlossene Nennung aller Identitäten. Die deutsche Variante LSBTQIA+ beschreibt entsprechend lesbische, schwule, bisexuelle, trans*, queere/unentschlossene, inter* und asexuelle/aromantische/agender Menschen.

Das Wort 'queer' ist vor allem ein geschichtlich gewachsenes Wort. Ab dem 20. Jahrhundert wurde es als Schimpfwort (im akademischen Kontext meist als Slur bezeichnet) gegen schwule und lesbische Menschen verwendet.

> **engl. „slur" = Beleidigung, Schimpfwort.** Das Wort findet hier anstelle der deutschen Übersetzung Anwendung, da die englische Form 'slur' im Bereich der Minderheitenforschung gängiger ist. Er ist als fester Term für diskriminierende BeleidigungenAbwertungen in Verwendung und geht über die Bedeutung der bloßen Übersetzung hinaus.

In einigen seiner Übersetzungen bedeutet es unter anderem so etwas wie „falsch" oder „komisch", so wie auch im Kontext von Falschgeld häufig von „queer money" die Rede war. Im geschichtlichen Kontext der AIDS-Krise wurde das Wort von betroffenen schwulen Männern und anderen queeren Menschen positiv als Eigenbeschreibung verwendet. Dieser Prozess der positiven Aneignung eines bis dahin negativen Begriffs wird als Reclaiming bezeichnet.

> **engl. Reclaiming:** das englische Wort für „Zurückforderung" bezeichnet im Kontext der Queer Studies und anderer Felder der Diskriminierungsforschung die Aneignung

> und Neubewertung von Schimpfwörtern. So können diskriminierte Gruppen gegen sie verwendete Schimpfwörter als eine Form des Empowerments für sich selbst als Bezeichnung wiederverwenden. Dies kann den Schimpfwörtern die Macht der Beleidigung nehmen.

Mit diesem Begriff wurde Kritik am Verhalten der US-Regierung während der AIDS-Krise geübt, was politisch und akademisch als „queer moment" gilt (Hark, 2013). Die Krise zeigte noch einmal verstärkt die gesellschaftlichen Ungleichheiten durch die Geschlechter- und Klassenpolitik und Rassisierung auch innerhalb der Community. Der Gedanke einer homogenen, also in sich aus gleichen Individuen bestehenden, lesbisch-schwulen Community, erwies sich als Fiktion. Bis heute dient das Wort „queer" als ein Überbegriff (im fachlichen Kontext ist hier mehrheitlich von einem 'Umbrella-Term' die Rede) für die Community der sexuellen und geschlechtlichen Minderheiten.

> **Umbrella-Term:** So werden zusammenfassende Überbegriffe genannt im Kontext gesellschaftswissenschaftlicher Themen und zur Zusammenfassung mehrerer Bevölkerungsgruppen.

Aus den 1990ern ist hier auch ein Flyertext überliefert, der diese positive Aneignung des Wortes beschreibt:

„Ah, do we really have to use that word? It's trouble. Every gay person has his or her own take on it. For some it means strange and eccentric and kind of mysterious. [...] And for others, „queer" conjures up those awful memories of adolescent suffering. Queer. It's forcibly bittersweet and quaint at best [...] Well, yes, „gay" is great. It has its place. But when a lot of lesbians and gay men wake up in the morning, we feel

angry and disgusted, not gay. So we've chosen to call ourselves queer. Using „queer" is a way of reminding us how we are perceived by the rest of the world. It's a way of telling ourselves we don't have to be witty and charming people who keep our lives discreet and marginalized in the straight world." (Queer Nation, 1990).

Schauen wir hingegen heutzutage im Internet nach einer deutschen Übersetzung für ‚queer', so finden wir über 50 verschiedene Einträge. Darunter nicht nur Substantive, Verben und Adjektive, sondern auch verschiedene Phrase und gängige Verbindungen von Worten. ‚Queer matters' werden zu verdächtigen Angelegenheiten, das ‚queer movement' zur Schwulenbewegung und ein ‚queer Fellow' zum Sonderling. Davor finden sich in den Übersetzungen vielfältige Worte, von vermasseln und versauen über Schwuler bis hin zu wunderlich und verdächtig.

Doch worum genau geht es nun innerhalb der Queer Studies? Wo kommt der Begriff her und was hat Queerness damit zu tun? Die prägende Theorie dahinter, die *queer theory*, wurde erstmals 1991 erwähnt. In ihrem Text „Queer Theory: Lesbian and Gay Sexualities" schrieb Literaturwissenschaftlerin Teresa de Lauretis für das Magazin *differences: A journal of Feminist Cultural Studies* (de Lauretis, 1991). Dabei ging es de Lauretis unter anderem um die Überlegung, ob lesbische und schwule Sexualität mehr ist, als nur gleichgeschlechtliche Liebe oder ein „weiterer, optionaler Lifestyle". Vielmehr können homosexuelle Sexualitäten laut de Lauretis auch ein Anstoß sozialen Prozesses sein und werden, indem sie in der Gesellschaft interaktiv und widerständig mit dieser interagieren. Dies folgt den Ideen des Poststrukturalismus, Konstruktivismus und Dekonstruktivismus sowie deren Kritik am Erkenntnisanspruch der Wissenschaft (Degele, 2005).

Im Poststrukturalismus findet sich unter anderem die Perspektive, dass unsere Sprache nicht nur die Realität abbildet, sondern die Realität durch die (Nicht-)Verwendung von Sprache mit geschaffen und beeinflusst wird. Aus dem Konstruktivismus hier relevant ist primär die Perspektive, dass diese Realität – und damit auch jeder Gegenstand, jedes Tier und jeder Mensch – erst durch das Erkennen und Wahrnehmen konstruiert wird. Zu guter Letzt geht der Dekonstruktivismus davon aus, dass diese konstruierten Zuschreibungen im Erkennen auch hinterfragt, aufgebrochen und neu konstruiert werden können. Wie sähe das nun in der Praxis an einem queeren Beispiel aus?

Schauen wir einmal die Kategorie Geschlecht an. Ich gehe einmal davon aus, dass fast alle, die dieses Buch lesen, zur Geburt in eine der binären Kategorien zugeordnet wurde: Mann oder Frau. Diese Kategorien finden wir auch stets in unserer Lebensrealität wieder. Kleiderläden haben Männer- und Frauenabteilungen, wir gehen auf Männer- und Frauentoiletten. Diese stete Konfrontation und Anwendung der Kategorien macht sie im Sinne des Poststrukturalismus erst wirklich präsent und wirksam. Gehen wir einen Schritt weiter, dann würde man konstruktivistisch gedacht davon ausgehen, dass „Frau" gar keine natürliche und vorgegebene Kategorie oder Eigenschaft ist. Vielmehr wird erst durch das Erkennen der äußeren Genitalien bei Geburt und die Zuschreibung, die Frau zur Frau. Frei nach de Beauvoirs berühmten Spruch „man wird nicht als Frau geboren, sondern zur Frau gemacht." Und zu guter Letzt geht es nicht nur um die Erkennung und Anerkennung der konstruierten Zuschreibungen, sondern um deren Aufbrechen. Die Vulva macht den Menschen nicht zur Frau, es gibt schließlich auch trans Männer mit Vulva. Und auch eine Gebärmutter oder die Menstruation machen keine Frau, denn es gibt auch cis Frauen ohne diese beiden Dinge.

Wer sich mit Queer Studies befasst, kommt also nicht darum herum, Kategorien der Moderne zu hinterfragen und sich damit zu beschäftigen, wie man diese dekonstruiert. Vor allem im Hinblick auf Sexualität und Geschlechtlichkeit steht hier die Erzeugung der Naturgegebenheit in Kritik (Degele, 2008). Wir wachsen alle damit auf, dass beide Kategorien naturgegebene Kategorien sind und hierbei vor allem zwei Ausprägungen davon 'normal' seien: Heterosexualität und Cisgeschlechtlichkeit.

Im wissenschaftlichen und politischen Diskurs beschreiben wir diese Idee einer „Normalität" in Bezug auf Geschlecht und Sexualität als (Cis)Heteronormativität. Damit kann die Idee benannt werden, dass Heterosexualität und auch die Zweigeschlechtlichkeit (Mann und Frau) ‚normal' und 'natürlich' sind. Wenn wir einer neuen Person im Alltag begegnen und uns keine Auffälligkeiten (Äußerlichkeit, Gestik, Mimik, Stimme o. ä.) über eine Abweichung informieren, dann gehen wir von einer heterosexuellen Person aus. Genauso teilen wir Menschen, die wir sehen, in (cis) männlich und (cis) weiblich ein. Dies sind die Kategorien, die uns im Alltag immer noch (unter) bewusst als normal erscheinen (Degele, 2005; Siebler, 2016). Den häufig zu lesenden Begriff der Heteronormativität möchte ich für diesen Text um weitere Kategorien des queeren Spektrums erweitern und den Begriff Allodyacisheteronormativität erwähnen. Etwas lang und sperrig greift er doch neben der Heterosexualität auch die Diskriminierung anderer queerer Identitäten auf:

Allosexualität beschreibt Menschen außerhalb des asexuellen Spektrums. Also außerhalb der Identitäten, die keine oder wenige sexuelle Anziehung verspüren (Queerlexikon, 2017c). Die Allonormativität als solche ist der Begriff für eine konstruierte Normalität, in der gelebte Sexualität und sexuelle Anziehung die Norm sind. Wir kennen das als Idee, dass Jugendliche ab einem gewissen

Alter ‚normalerweise' sexuelles Interesse entwickeln, dass Libido (auch bekannt als Sexdrive) eine treibende Kraft ist und dass romantische Beziehungen sich immer auch um Sex drehen. Ebenfalls unter Allonormativität findet sich die Alloromantik, also quasi das auf romantische Gefühle bezogene Gegenstück zur Allosexualität. Aromantische Menschen verspüren weniger oder gar keine romantische Anziehung und führen keine oder schlichtweg andere Beziehungen (Queerlexikon, 2017b). Wie stark beide normativen Ideen sind, erleben wir auch in dem wiederkehrenden Druck gegenüber junger Erwachsener, doch irgendwann „den/die Partner*in" finden zu müssen, um „eine Beziehung" einzugehen und auch irgendwann über Heirat und Kinder nachdenken zu müssen.

Mit der Dya- und Cisgeschlechtlichkeit sind geschlechtliche Identitäten betrachtet: Dyageschlechtlichkeit ist das Gegenstück zur Intersexualität/Intergeschlechtlichkeit. Hier liegt in der Norm also eine eindeutige Zuordnung der äußeren, primären Geschlechtsorgane zur zweigeschlechtlichen Norm (Mann + Frau) vor (Queerlexikon, 2017a). Cisgeschlechtlich als Gegenstück der Transgeschlechtlichkeit beschreibt Menschen, bei denen das bei der Geburt zugewiesene Geschlecht und das tatsächliche Geschlecht des Menschen übereinstimmen (Queerlexikon, 2017d). Dies betrifft aktuell cis Männer und cis Frauen – aber in einer anderen Zukunft wäre auch eine cisgeschlechtliche Nichtbinarität denkbar!

Wenn ich also den langen und sperrigen Begriff Allodyaci-heteronormativität benutze, dann beschreibt das eine gesellschaftliche Norm, die mit Erwartungen, mit Druck und mit ‚Bestrafung' bei Abweichungen einhergeht. Diese Norm erwartet, dass uns Menschen bei Geburt eindeutig das männliche oder weibliche Geschlecht zugewiesen wird, dies im weiteren Lebensverlauf mit unserem Erleben übereinstimmt und wir dann heterosexuell und heteroromantisch eine Partnerschaft führen, Sex haben, Kinder kriegen u. v. m. Wir alle kennen das.

> **Allo-dya-cis-hetero-normativität zusammengefasst**
> - Allonormativität als normatives Gegenstück zur Asexualität und Aromantik. Also die normative Idee, dass sexuelle und romantische Begierde im Leben dazugehören
> - Dyanormativität als normatives Gegenstück zur Intergeschlechtlichkeit. Also ein Wort für Menschen, deren Genitalien bei Geburt eindeutig als Penis oder Vulva/Vagina eingeordnet werden
> - Cisnormativität als normatives Gegenstück zur Transgeschlechtlichkeit. Also die normative Idee, dass Menschen sich mit dem ihnen zur Geburt zugeordneten Geschlecht identifizieren
> - Heteronormativität als normativer Begriff für Homosexualität. Also die normative Idee, dass Menschen sexuell/romantisch das 'andere Geschlecht' (im Kontext der Zweigeschlechtlichkeit) begehren

Mit der Erweiterung der Heteronormativität um andere diskriminierte Identitäten orientiert sich diese Idee deshalb auch an der Kritik gegenüber der Queer Studies, dass diese einen zu großen Fokus auf schwule cis Männer hätte (Dietze et al., 2007). Wissenschaftliche und politische Ansätze und Gedanken müssen deshalb andere Identitäten mitdenken, um dem Begriff "queer" Studies überhaupt gerecht zu werden.

Dabei wird auch klar, dass Queer Studies zu Recht einen "interdisziplinären Korpus von Wissen beschreibt, der Geschlechts(körper) und Sexualität als Instrumente und Effekte moderner Bezeichnungs-, Regulierungs- und Normalisierungsverfahren begreift" (Hark, 2013, S. 449). Der Forschungsgegenstand queerer Menschen macht Interdisziplinarität grundsätzlich notwendig, denn queere Menschen, ihr Erleben, ihre Lebensrealität, Gesundheit usw. können psychologisch, soziologisch, medizinisch, juristisch etc. betrachtet werden. Interessierte an Queer Studies können sich also in allen Fachrichtungen finden! Das bedeutet allerdings nicht, das eigene Fach einfach nur um das Subjekt einer queeren Person herumzubauen. Vielmehr geht es auch um die gesellschaftlichen Zusammenhänge, Barrieren und Erwartungen. Diese müssen nicht nur aufgezeigt werden (bspw. muss ein trans Mann unter Umständen dennoch noch zum *Frauenarzt*), sondern auch aufgebrochen und dekonstruiert werden (bspw. kann eine aromantische Person auch heiraten ohne romantische Anziehung und einfach so eine Sicherheit spendende Partnerschaft genießen). Diesen Dekonstruktionsmechanismus kann man auch als „Queering" bezeichnen. Dieses Auf- und Durchbrechen der Normen und Erwartungen zeigt dabei immer wieder auf: Es geht auch anders. Das, womit wir aufwachsen, ist nicht gleich natürlich und nicht selbstverständlich. Alles kann und muss sich verändern (Hark, 2013). Dieser Grundgedanke kann dann in allen anderen Disziplinen mitgenommen werden, um den Status Quo hinterfragen. Jede Wissenschaftler*in kann unausgesprochene Normen aufdecken, sichtbar machen und diese "verdrehen und untergraben". Damit können Konventionen neu geschaffen werden für eine Welt der Veränderung und Vielfalt (Clark, 2017). Asexuelles Verhalten muss keinen passiven Ödipuskonflikt bedeuten und Pornografie kann auch feministisch und/für Frauen sein.

Es ist für diesen Text also wichtig, das Wort "queer" in zwei Bedeutungsdimensionen zu kennen: als vermeintliche Eigenschaft in Bezug auf nicht normative Geschlechtsidentität und Sexualität als auch in der Handlungsebene. Denn „to queer" bedeutet, vorhandene normative Strukturen aufzubrechen. Ein schwuler, trans Mann ist queer, weil er homosexuell und transgeschlechtlich ist, zwei Identitäten außerhalb der Cisheteronorm. Ein heterosexueller, cis Mann, der Nagellack und Make-up trägt, verhält sich hingegen queer. Immer noch sind Make-up und Nagellack für Männer nicht normalisiert und entgegen der normativen Erwartungshaltung an Männer. Doch auch hier sei zu reflektieren, auf welchen sozialen Rahmen und welche Formen und Farben sich das bezieht. In der Metal-Szene wäre schwarzer Nagellack vielleicht gar nicht queer, ein pinker Glitzerlack schon eher. Und handelt ein cishetero Sozialarbeiter mit Nagellack weniger queer als ein cishetero Jurist? Es ist und bleibt komplex. Ein Teil von Queerness existiert immer auch in einem Abgleich mit der Umwelt und deren Erwartungen.

Mit genau diesem kritischen Blick auf ein komplexes Thema soll es in den nächsten Kapiteln weitergehen, wenn sich nachfolgend die Frage stellt: Wie queer sind Videospiele und wie können Videospiele gequeert werden?

1.2 Queer und Videospiele

In der Überschneidung zwischen Queer Studies, wie sie oben beschrieben wurde, und den Game Studies, also der wissenschaftlichen Auseinandersetzung mit Videospielen, befinden sich die *Queer Game Studies*. Doch auch, wenn explizit und implizit queerer Inhalt in Spielen der Fokus dieses Buches ist, geht es in der Disziplin nicht nur um diesen. Vielmehr werden die Queer Game Studies von Adrienne Shaw und Bo Ruberg beschrieben als „Ausrichtung zur queeren Perspektive, um die vielfältigen Dichotomien herauszufordern, die lange Zeit strukturiert haben, wie Wissenschaftler*innen und Gamedesigner*innen Videospiele verstehen" (Ruberg & Shaw, 2017, S. ix). Als ich das Zitat zum ersten Mal in Rubergs und Shaws Buch las, verstand ich die Idee hinter den *Queer Game Studies* ehrlich gesagt auch nicht mehr als vorher. Aber die Lektüre des restlichen Buches und anderweitiger Literatur half. Und so soll es dieses Kapitel auch.

Wir orientieren uns am vorigen Kapitel und betrachten die *Queer Game Studies* zuerst mit Blick auf den Themenkomplex Geschlecht und Sexualität. Was hier ‚normal‘ ist und was nicht, wurde im Kapitel zu den Queer Studies bereits aufgezeigt. Die Disziplin beschäftigt sich unter anderem mit der Repräsentation und der Inklusion queerer Menschen in Videospielen und der Videospiel-Industrie. Einen Überblick über queere Repräsentation bietet beispielsweise das LGBTQ Video Game Archive, eine von Adrienne Shaw ins Leben gerufene und von der Community kuratierte Webseite. Hier werden Videospiele und deren queere Inhalte gesammelt. Zwei Überkategorien aus eben jenem Archiv sollen hier kurz vorgestellt werden, um nicht nur die Vielfalt von Queerness in Videospielen zu zeigen, sondern sie auch oberflächlich im zeitlichen Kontext zu betrachten.

Die Inhaltsarten (im Original: *Types of Content)* beschreiben die Art und Weise der im Spiel vorhandenen ‚Queerness‘. Gelistet werden im Archiv nachfolgende Kategorien:

Handlungen, Artefakte, Veränderungen nach Ort, Charaktere, Easter Eggs, Homophobie/Transphobie, Orte, Erwähnungen, Modifikationen, queere Spiele/Narrative, Beziehungen/Romanzen/Sex, Eigenschaften
    (LGBTQ Video Game Archive, o. J.)

Diese Vielfalt an Kategorien zeigt sehr gut, dass es in Sachen Queerness in Videospielen eben doch nicht nur um queere Charaktere geht. Die vollständige Erklärung der einzelnen Kategorien befindet sich im Anhang (s. Tab. 1), doch zur Veranschaulichung seien ein paar Kategorien beispielhaft erklärt.

Die Handlungen beziehen sich u. a. auf die durch Spieler*innen durchgeführte Aktionen, wie die Gender-Custimization in „Die Sims 3". Hier können Spieler*innen unabhängig vom ausgewählten Geschlecht (Mann/Frau) selbstständig folgende Eigenschaften für sich auswählen: Männlich/weiblicher Körperbau, kann schwanger werden vs. kann schwängern, Toilettengang im Stehen ja/nein. Ebenfalls als Handlung einsortiert ist die gender-unabhängige Kleiderwahl in Spielen wie Fable III. Dein Held ist männlich und du möchtest dennoch einen Rock tragen? Kein Problem!

Als ein Artefakt gilt ein Gegenstand, wie bspw. der „Trank der Transmogrification" in Fable II. Dieser ermöglicht es der Spieler*in, auch nachträglich im Spielverlauf das Geschlecht des Charakters zu ändern.

Bei den Eigenschaften finden sich bspw. die in Fallout 3 erwerbbaren Charaktereigenschaften *Confirmed Bachelor* (für männliche Charaktere) und *Cherchez la Femme* (für weibliche Charaktere). Mit diesen Eigenschaften verursacht der Hauptcharakter mehr Schaden bei Menschen desselben Geschlechts und es werden auch neue Dialogoptionen bei homo- und bisexuellen Charakteren des gleichen Geschlechts freigeschaltet. Es ist quasi die Möglichkeit für den Spieler, den eigenen Charakter mit queerer Sexualität zu ‚labeln'.

Die zeitliche Verteilung der Einträge kann im Archiv unter ‚Games by Decade' auch sehr schön betrachtet werden. Wenn man hier einmal alle eingetragenen Jahrzehnte, also von den 70ern bis zu den 2020ern durchgeht und die Einträge zählt, dann ergibt sich folgender Verlauf[1]: 20 Einträge in den 80ern, 84 Einträge in den 90ern,

---

[1] Für die 2020er sind bisher erst 3 Einträge verzeichnet, was auf die noch nicht umgesetzte Weiterführung der Eintragungen zurückzuführen ist.

172 Einträge in den 2000ern und 931 Einträge in den 2010ern (Stand Juli 2025). Es zeigt sich also deutlich, dass queere Inhalte in Videospielen quantitativ ansteigen. Meiner Vermutung nach auch nicht nur in gleicher Relation zur Gesamtzahl an Videospielen, sondern auch in steigender relativer Häufigkeit.

> **Queer Videospielen?**
>
> Wenn über Queerness und Games gesprochen wird, geht es meist um queere Charaktere. Endlich eine lesbische Protagonistin, ein story-relevanter NPC, der trans ist, vielleicht ein polyamores Couple im Universum? Oder die Möglichkeiten, als männlicher Charakter auch ein Kleid zu tragen oder dem eigenen Sims die Narben einer Mastektomie (Brustentfernung) mitzugeben?
> Dabei kann „Queer Gaming" auch bedeuten, das Spiel einfach anders zu spielen, als es offensichtlich erdacht ist. Speed-Runs sind hierfür auch ein Beispiel, wie man Spielmechaniken ‚verqueeren' kann. Oder die Hardware queeren, wie in zahlreichen TikTok-Videos, in denen Menschen Ego-Shooter spielen, mit einer Flöte als Eingabegerät. Verschiedene Töne geben verschiedenen Input. Vielleicht können auch die Entwickler das Spiel gleich verqueert entwickeln? Ein Action-Game, aber nach jeder Runde im Spiel wechselt die Tastenbelegung auf dem Controller. Gerade eben war X noch Springen, jetzt ist X aber der Angriff. All diese Ideen beschreiben ein ‚Verdrehen und Untergraben' der Normen, sowohl des Spielens als auch der Videospielproduktion (Bagnall, 2017; Marcotte, 2018)

Doch über den queeren Inhalt hinaus stellt auch Clark (2017) berechtigterweise nicht nur die Frage, welche Charaktere, Orte und Gegenstände in Videospielen zu finden sind, sondern auch, *wer die Videospiele entwickelt und produziert*. Die Produktion von Videospielen war in den Anfängen mit größeren technischen und finanziellen Hürden versehen. So fing es damals an und gilt auch heute noch:

Die Mehrheit der Videospiele wird kreiert von jungen, weißen Männern oder Männern mittleren Alters (Clark, 2017). Auch in Sachen Sexualität in einer 2005er-Umfrage eher homogen: 91.6 % der Befragten einer IGDA-Umfrage zur Arbeitsplatz-Diversität in den USA gaben an, sich als heterosexuell zu identifizieren (Settle et al., 2013). Die Zielgruppe war meistens auch ungefähr dieselbe. Wie auch in anderen Kultur- und Medienbereichen war die Idee, die Inhalte und Zielgruppe zu diversifizieren, gepaart mit der Angst finanzieller Einbußen. Die Schlacht zwischen Kapitalismus und Vielfalt. Dies steht jedoch im signifikanten Unterschied zu den 2012 in der Untersuchung von Settle et al. (2013), in der es ‚nur' noch 85.9 % der Teilnehmenden waren, die sich als heterosexuell identifizierten. Und auch 2025 zeigt sich, dass das Medium des Videospiels längst in vielfältigeren Rezeptionskreisen angekommen ist: Erst zum 08.03.2025 postete der GAME – Verband der Deutschen Gamesbranche auf BlueSky, dass 48 % der Gamer*innen in Deutschland Frauen sind (Game, 2025). Das umfasst nicht nur Rezipient*innen, sondern eben auch Produzent*innen, Entwickler*innen u. v. m. Untersuchungen im Kontext anderer Medien und Repräsentationskategorien zeigen, dass die Vielfalt in Produktionskreisen positiv assoziiert ist mit der Vielfalt in den Produkten (Shaw, 2009). Die Idee ist also: Je mehr queere Entwickler*innen von Videospielen es gibt, desto eher gibt es auch mehr queere Spiele oder Inhalte.

Zu guter Letzt, neben Produktion und Konsum, führen Shaw und Ruberg auch die queere Rezeption durch Wissenschaftler*innen an. Oder die Rezeption durch queere Wissenschaftler*innen. Vielleicht beides. Denn dann können wir auch untersuchen und darüber sprechen, wie verbreitet Queerfeindlichkeit in der Gaming-Szene ist und wie unwohl und unsicher sich queere Spieler*innen dort häufig fühlen (Ruberg, 2018). Dann behalten wir den Überblick über queerfeindlichen Backlash und ‚Angst' auf Produzent*innenseite: So wie in *Lord of the Rings online* (Glover, 2007 zitiert nach Shaw, 2009) das Thema „Hochzeit" einfach ganz ausgeklammert wurde, um das Thema homosexueller Partnerschaften zu umgehen. So wie *Kingdom Come Deliverance* laut Brandenburg (2024) als „nationalromantische, männlich dominierte und sehr deutlich nicht-queere Idylle" konstruiert wird, bei der unter Anspruch einer Authentizität des Mittelalters das Weibliche und das Queere an den Rand gedrängt wird. Spieler – hier absichtlich nicht gegendert – genießen mittelalterliche Spiele mit den Rollen männlicher Machtposition und nennen es „authentisch", weil es ihnen an Kenntnissen über das Mittelalter fehlt. So wird aus der Authentizität als Echtheit der Epoche eher eine Authentizität als hegemoniales Narrativ (Meier, 2022). Es geht hier also um die Bilder und Ideen darüber, was in einer mittelalterlichen Gesellschaft normal war und was nicht. Auch im Vergleich zu heute: Ist das Jahr 2025 feministischer und queerer als das Jahr 1403? Vermutlich. Waren Frauen in relevanten Rollen und queere Menschen 1403 also nicht existent oder nicht normal? Das führt direkt zur notwendigen Klärung, was ‚normal' überhaupt bedeuten soll.

2

Gesellschaft: Was ist normal, was nicht?

Im Alltag und auch in der Wissenschaft kommen wir nicht darum herum, uns immer mal wieder die Frage nach dem ‚Normalen' zu stellen? Ist das Verhalten des Kindes normal? Ist dieser Gedanke oder das Gefühl, das ich habe, normal? In diesem Kapitel betrachten wir deshalb einmal die große Frage, was das Normale überhaupt sein soll und was es mit Normen, Erwartungen und Regeln zu tun hat.

Auch im Kontext von Videospielen beschäftigen wir uns gelegentlich mit der Frage „Was ist normal?" oder haben bestimmte Ideen davon, was angeblich normal sei. Shooter als Genre sieht die Gesellschaft immer noch häufiger bei jungen Männern, aber bei Sims denkst du eher an weibliche Spieler*innen? Und was hat das alles mit gesellschaftlichen Regeln, Normen und Erwartungen zu tun?

„Was ist normal?" ist also eine Frage, die sich jeder vielleicht schon einmal gestellt hat. Das Wort entstammt dem Griechischen (*nomos* = griech. Gesetz) und fand im antiken Griechenland als Regelungen zur Nutzung von Land

Verwendung. Eine Norm war damals vor allem als eine räumliche Komponente zu verstehen (Klamt, 2007).

Schlagen wir das Wort „Norm" im Duden nach, ist hingegen von einer *„allgemein anerkannten, als verbindlich geltende Regel für das Zusammenleben der Menschen"* die Rede. Diese Regeln beziehen sich meist auf einen eingegrenzten Teil der Gesellschaft: Dass Mord eine Straftat ist, ist auch länderübergreifend ein verbreitet geltendes Gesetz. Andere Regeln sind spezifischer auf kleineren Räumen angelegt, wie zum Beispiel das Trinken von Alkohol in der Öffentlichkeit. In den USA ist dies verboten, in Deutschland hingegen gang und gäbe. Neben solchen expliziten Regeln und Verboten gibt es Normen auch als gesellschaftlich implizierte Erwartungen. So hält sich das Stereotyp in Deutschland, dass wir pünktlich sind: Es handelt sich also um eine normative Erwartung an unser Zusammenleben. Hier zeigt sich schon, dass diese Normen nicht immer Ländergrenzen folgen, sondern auch soziale Gruppen betreffen – wie hier die Gruppe der Deutschen. Andere soziale Normen wären für die Gruppe der Männer, dass Röcke oder Make-up tragen (noch) nicht erwünscht ist. Dabei fällt uns auch auf, dass ein Individuum nicht nur einer einzelnen sozialen Gruppe zugehört, sondern vielen. Betrachten wir beispielsweise eine lesbische Studentin aus Deutschland, wären das bereits drei soziale Gruppen. Dabei können sich die Normen, Regeln oder Erwartungen verschiedener Gruppen auch stark voneinander unterscheiden, obwohl sie ganz klar ineinander existieren. Unsere lesbische Studentin wird in Deutschland zweifelsohne mit den Erwartungen ans Frausein konfrontiert. Dies bedeutet auch 2024 noch, dass ein feminines Erscheinungsbild gewünscht ist und es irgendwann im Leben der Frau darum geht, einen Mann zu heiraten und ein Kind zur Welt zu bringen. Das kann zum Konflikt führen, wenn die lesbische Studentin sich weder feminin verhält, noch einen Mann heiraten oder Kinder bekommen möchte.

2 Gesellschaft: Was ist normal, was nicht?

Eine Eigenschaft von solchen Normen und Erwartungen ist, dass sie sich selbst verstetigen. Darunter versteht man, dass Individuen durch die Normen zu einem bestimmten Verhalten gebracht werden und das Zeigen dieses Verhalten es wiederum weiter normalisiert. So erleben wir in Deutschland immer noch das 'Normalbild' einer heterosexuellen Beziehung, in der der Mann einer festen Arbeit nachgeht und die Frau sich zu Hause um Kinder und Haushalt kümmert. Je öfter das vorkommt und je öfter wir das wahrnehmen, desto normaler wird es. Dadurch bleibt meist aus, dass wir sie hinterfragen und sie stattdessen als natürlich betrachten. Für Neugierige bietet sich an, hier einmal im Alltag aufmerksam das umgebende Geschehen zu beobachten und sich zu fragen: Was davon finde ich komisch? Was fühlt sich ganz normal an? Betrachte ich im Supermarkt eine Mutter mit schreiendem Kind anders als einen Vater mit schreiendem Kind? Wie fühle oder denke ich, wenn ich in der Öffentlichkeit einen Kuss zwischen Mann und Frau sehe oder – im Vergleich dazu – zwischen zwei Männern?

> **Umgang mit dem Gefühl der Irritation**
>
> Wenn wir im Alltag Menschen begegnen und dabei ein Gefühl von Irritation verspüren aufgrund von Verhalten, Aussehen, Eigenschaften o. ä. dann lohnt es sich, das zu hinterfragen. Eine Person, die lautstark Selbstgespräche führt, mag erstmal irritieren. Doch vielleicht tut die Person das, um sich gedanklich zu strukturieren? Oder ist vielleicht psychisch erkrankt und spricht mit einer Halluzination? Und der Mann an der Haltestelle, der einen Rock trägt, der könnte dich auch irritieren. Aber nicht, weil er nicht gut aussieht im Rock. Sondern, weil „Mann" gesellschaftlich doch keinen Rock zu tragen hat. Ist das ein guter Grund gegen einen Rock? Beobachte solche Momente, ganz ohne Wertung. Auch dir selbst gegenüber nicht. Du wurdest so sozialisiert, dafür musst du dich nicht verurteilen oder schämen. Nimm es an, schaue hin und suche das, was du ändern kannst. Wie bei einem Schreib- oder Tippfehler!

Sobald wir als Gesellschaft oder Individuum beschreiben, was ‚normal' ist, beschreiben wir auch das Gegenteil davon, das Unnormale. Diese überall stattfindende Einteilung in Normales und Unnormales definiert dadurch sowohl uns als auch unsere Umwelt und die Interaktionen miteinander. Sabine Hark (1999) macht in ihrem Text klar, dass diese Einteilung jedoch nicht auf Naturgesetzen beruht. Denn Normalität und ihre Abweichungen sind soziale Konstrukte. Das, was sozial konstruiert wird, benötigt aber auch immer Akteur*innen: Wer stellt die Norm und die Regeln auf? Dies kann beispielsweise die Kirche sein, die Politik, die Mehrheitsgesellschaft. Denn durch das Aufstellen und Beschreiben des Normalen wird auch aufgezeigt, was nicht normal ist. Also die Abweichungen (= auch Devianz genannt) von Verhalten, Gedanken oder Gefühlen (Degele, 2005). Schreibe ich den Nutzer*innen des ÖPNV vor, im Besitz eines gültigen Fahrscheins sein zu müssen, dann ist das Fahren ohne Fahrschein die Devianz. Es wird zu dem Verhalten, das verboten und bestraft wird. Das hat beispielsweise keinen natürlichen Hintergrund, sondern ist reine Willkür. Welches Naturgesetz verbietet uns es schon, ohne Tickets zu fahren?

Ein Punkt, der beim Aufstellen von Norm und Devianz nicht vergessen werden darf, ist die notwendige Machtposition. Nur, wer gesellschaftlich über eine gewisse Macht verfügt, kann über Normalität und Abweichung bestimmen, wie die oben genannten Beispiele an Akteur*innen. Fachlich kann bei den aufgestellten Regeln und Normen von negativen und positiven Machtkonzeptionen unterschieden werden. *Negative Machtkonzeptionen* sind all die ausgesprochenen Regeln und Normen, die Erlaubtes und Verbotenes einteilen. Beispiele hierfür wären Gesetze oder die Zehn Gebote im Christentum. Eine *positive Machtkonzeption* hingegen beschreibt Normalität und Abweichung davon. Beispielsweise das gesellschaftliche Konzept, in heterosexueller Ehe zu leben und Kinder zu zeugen.

2 Gesellschaft: Was ist normal, was nicht?

Viele Fälle aus der Vergangenheit zeigen, dass meist zuerst eine juristische Bestrafung (*negative Machtkonzeption*) existiert und hierüber zum normalisierten Verhalten (*positive Machtkonzeption*) wird (Hark, 1999). So war auch bis 1994 Homosexualität unter dem § 175 StGB in Deutschland eine Straftat. In seiner ersten Fassung stand im Reichsstrafgesetzbuch von 1872 folgender Text:

„Widernatürliche Unzucht, welche zwischen Personen männlichen Geschlechts oder von Menschen mit Thieren begangen wird, ist mit Gefängniß zu bestrafen; auch kann auf Verlust der bürgerlichen Ehrenrechte erkannt werden." (Bundeszentrale für politische Bildung, 2014).

Die juristische Bestrafung des Verhaltens zog auch die soziale Ächtung des Verhaltens mit sich. Und damit eine gesellschaftliche Verfestigung dessen, was „normal" und „erwartet" war: Heterosexuelles Begehren zwischen Mann und Frau. Auch heutzutage im Jahr 2024 ist die heterosexuelle Paarbeziehung zwischen Mann und Frau eine erwartete Normalität. Dass dies unter anderem geschichtlich mit dem § 175 StGB verknüpft ist, ist vielen Menschen nicht bewusst.

Dass Normen existieren, immer mal wieder kommen und gehen, das ist längst klar. Nach Foucault (2019) werden sie auch geschaffen, um Menschen miteinander zu vergleichen, zu differenzieren, zu hierarchisieren, zu homogenisieren und auszuschließen. Was heißt das nun in Bezug auf queere Identitäten? Wenn wir uns Sexualität anschauen, dann wird zuerst das sexuelle und romantische Begehren miteinander verglichen. Anschließend folgt die Unterscheidung in Homo- und Heterosexualität. Im nächsten Schritt wird die Homosexualität als weniger erwünscht bewertet als Heterosexualität. Nachfolgend werden homosexuelle Menschen alle als gleich betrachtet und zum Schluss von der heterosexuellen Norm ausgegrenzt. Homosexuelles Verhalten wird zur Abweichung, zur Devianz und rutscht dadurch in der gesellschaftlichen Ordnung nach unten (Degele, 2005).

Das passiert nicht einfach so und nicht nur von oben herab, sondern auch durch Interaktionen innerhalb der Gesellschaft. Unser Verhalten im Sinne oder entgegen der Norm führt zu Zuweisungen von Gruppenzugehörigkeit oder Identität. Diese Zuordnung kann zu einer erlebten Sicherheit durch Struktur führen. Wenn ich andere Menschen einer Gruppe zuordne, dann muss ich nur meinen Umgang und meine Erwartungen mit der Gruppe erlernen und nicht den mit jeder Person (Degele, 2008). In Kap. 3 wird das nochmal genauer erläutert. Doch neben diesem Aspekt der Sicherheit kann die wahrgenommene Gruppenzugehörigkeit zu den ‚Normalen' auch den Selbstwert erhöhen. Wie wir das auch schon bei Fußballfans kennen und beobachten, ist der ‚Sieg' oder die ‚Überlegenheit' der eigenen Gruppe ein ganz wichtiges emotionales Erleben. Obwohl weder mein Geschlecht, noch meine Sexualität oder meine liebste Fußballmannschaft irgendetwas mit meiner Leistung oder meinen Entscheidungen zu tun haben (außer man sucht sich mit Absicht eine erfolgreiche Fußballmannschaft aus, um Erfolge feiern zu können).

Die Unterscheidung von ‚normalen' und ‚abweichenden' Gruppen erleben wir in vielen Belangen, wie eben beispielsweise in Bezug auf Sexualität oder auch psychische Erkrankungen oder Behinderungen. Wenn wir einander fragen würden, wie ein normales Leben oder ein normaler Mensch aussieht, sich verhält und lebt, dann haben wir ein bestimmtes Bild im Kopf. Denn das Aufmachen der Devianz – der Abweichung von der – geschah lange vor unserer aktuellen Zeit und wird uns als soziale Norm(en) beigebracht. Die sind oft nicht niedergeschrieben, manchmal nicht einmal explizit benannt. Stattdessen finden wir die Abweichung auch in impliziten Vorstellungen,

2 Gesellschaft: Was ist normal, was nicht?   23

Handlungsmustern und Verhalten: Zwei Männer auf der Straße küssen sich und zwei umstehende Passant*innen verziehen das Gesicht. Eltern wünschen sich ein cisgeschlechtliches Kind oder ‚hoffen', dass es nicht transgeschlechtlich wird. Eine Person im Rollstuhl ist sportlich aktiv und unser erster Gedanke ist „wie?". All dies sind Ergebnisse dessen, dass wir menschliche Eigenschaften oder Verhaltensweisen oder Körper als ‚nicht normal' betrachten (Bozay, 2017).

Normen und Normalitäten stellen also Vorgaben für Erwartungen und Handlungen sowie den Umgang miteinander dar. Das entlastet uns, wir müssen nicht mehr selbst alles bedenken oder uns über das Miteinander Gedanken machen. Dies schränkt aber gleichermaßen unsere Handlungsmöglichkeiten im Miteinander ein, wenn wir diese Normen nicht reflektieren. Durch und mit Prozessen wie Stereotypisierung oder ‚Othering' werden Normen auch zu Daseinsvorgaben. Die Lebensumstände, die wir gewohnt sind und die gewünscht sind, werden zur Normalität und dadurch zur Normativität. So (er)leben wir immer noch rassistische Normen, die historisch gewachsen und durch die Kolonialisierung bedingt sind in unserer westlich-europäischen Gesellschaft (Arndt, 2017; Lüsebrink, 2016). Dies betrifft gleichermaßen auch die historisch gewachsenen Heteronormativitäten: heterosexuelle Ehen als Maßstab für ein wünschenswertes Leben, Bestrafung und Ausgrenzung für Queers (Degele, 2008; Hark, 2013).

3
Stereotypisierung, Diskriminierung und Marginalisierung

„Deutsche sind immer so pünktlich!", sagt man uns nach. Ein Stereotyp, eine Erwartung an uns. Dabei bin ich häufig gerne mal 5–10 min zu spät. Doch warum gibt es Stereotype wie diesen überhaupt, wenn es gar nicht immer zutrifft? Das dritte Kapitel klärt nicht nur diese Frage auf, sondern führt auch ein in den Begriff und Prozess der Diskriminierung und die Marginalisierung von Menschengruppen.

3.1 Warum stereotypisieren wir?

Für die Arbeit an und mit Repräsentation kommen wir nicht darum herum, uns auch mit den Begriffen der Stereotypisierung, Diskriminierung und Marginalisierung zu beschäftigen. Im Fokus hier steht die Gruppenzugehörigkeit des Individuums. Die obigen Begriffe und die dazugehörigen Prozesse funktionieren im Feld zwischen Mensch und Gesellschaft: Ein isoliertes Individuum abseits der Gesellschaft wäre davon nicht betroffen.

In der Sozialpsychologie arbeitet man hierbei mit den Begriffen der Eigengruppe (in-group) und der Fremdgruppe (out-group) zur Unterscheidung (Spears & Tausch, 2014). In-groups sind die Gruppen, denen wir zugehörig sind. Out-Groups sind die, denen wir nicht zugehören. Als Gruppe zählt hier alles Mögliche, womit wir uns identifizieren können oder identifiziert werden. Schwulsein, Frausein, Deutschsein oder auch Gruppen wie Künstler*in, Student*in, Fußballfan des FC Bayern München. Ich als Künstler*in bin also in der In-Group Künstler*in, aber Fußballfans sind out-groups. Dies ist die Grundidee der sozialen Identitätstheorie nach Tajfel und Turner, die unsere Identität als soziale Relation sehen, also in Abhängigkeit und Wechselwirkung zueinander. Ich kann Künstler*in sein, weil es Nicht-Künstler*innen gibt und es braucht heterosexuelle Männer, um schwule Männer zu differenzieren. Zumindest den Begriff braucht es. In einem utopischen Gedankenexperiment könnten wir auf die Sexualitäten als Begriffe verzichten und einfach tun, was uns gefällt und guttut. Aber soweit sind wir noch nicht.

Stereotypisierung ist – wie der Name schon sagt – der Prozess der Konstruktion und Anwendung eines Stereotyps. Einige davon sind uns allen bekannt und zeigen ganz gut auf, was ein Stereotyp ist und wieso es problematisch ist: Der stereotype Deutsche trinkt Bier, trägt Lederhosen und ist pünktlich. Zumindest, wenn man Menschen im Ausland dazu befragt. Ein stereotyper Amerikaner hingegen liebt seine Schusswaffen, hat die US-Flagge im Garten hängen, isst Fast Food. Zusammengefasst zeigt sich also, dass ein Stereotyp bedeutet, feste und gewisse Vorstellungen über Eigenschaften oder Attribute von Gruppierungen zu haben. Damit wird das mentale Abbild, das wir von bestimmten Gruppen haben, geprägt. Das führt jedoch auch

3 Stereotypisierung, Diskriminierung …

zur Beeinflussung unserer Wahrnehmungen, Erinnerungen und unserem Verhalten gegenüber anderer Gruppen (Sommer, 2017). Oder bist du als Deutsche*r pünktlich, trägst ständig Bier trinkend Lederhosen? Oft wird sogar beeinflusst, bevor wir es überhaupt realisieren, wie auch Walter Lippmann (2010) schreibt: „In den meisten Fällen sehen wir nicht erst und definieren dann, wir definieren erst und sehen dann"[1]. Damit beschreibt er auch, dass unsere Wahrnehmung der Realität bereits vor dem Bewusstwerden der Sinneseindrücke beeinflusst wird. Es ergibt sich ein Einfluss auf unsere Interpretation, Bewertung und auch Einstellungen des Gesehenen gegenüber. Beispiele wären beispielsweise ein Mann mit Kind auf dem Arm im Supermarkt und im Vergleich dazu eine Frau mit Kind im Supermarkt. Die Wahrscheinlichkeit ist groß, dass aufgrund patriarchaler und sexistischer Prägung in der Gesellschaft die Rolle der Frau hier als ‚selbstverständlich' betrachtet wird, während der Mann mit Kind alleine im Supermarkt etwas ‚besonderes' wäre. Und was wäre unser Gedankengang, wenn wir beim Spaziergang durch die Stadt zwei obdachlose Menschen am Straßenrand sitzen sehen – eine Person von weißer Hautfarbe und die andere Person Schwarz? Wem würden wir mehr Mitgefühl entgegenbringen, wem vielleicht sogar Ablehnung? Wem würden wir welche Hintergrundgeschichte zutrauen? Wer ist 'selbst schuld', wer nicht? An Obdachlosigkeit ist übrigens niemand selbst schuld.

Stattfindende Prozesse der Stereotypisierung sind unbewusster Natur. Ihr Zweck ergibt sich in der individuellen und sozialen Orientierung im Umgang mit uns selbst und der Umwelt (Lüsebrink, 2016). Wenn ich einen Menschen beim ersten Anblick durch äußere Merkmale einer

---

[1] .Im englischen Original: "For the most part we do not first see and then define, we define first and then see."

Gruppe zuordne und (womöglich falsches) Wissen über diese Gruppe habe, dann kann ich mit diesem Menschen energiesparender umgehen, weil ich ihn erstmal nicht näher kennenlernen muss. Das Gehirn spart sich Arbeit. Dies fängt bereits an bei der Idee, den Mann im Anzug vielleicht eher zu siezen als zu duzen und hört auf bei rassistischen Stereotypen, die uns dazu bringen, die eigene Handtasche in Gegenwart von People of Color näher an den Körper zu pressen.

Doch nicht nur die ‚energiesparende Einschätzung der Welt' ist ein Motivator für den Automatismus der Stereotypisierung, sondern auch der eigene Selbstwert. Denn sobald ich Menschen in Gruppen einteile, kann ich diese als Fremdgruppen dann auch mit meinen Eigengruppen vergleichen: Mein Kleidungsstil zeugt stereotyp von mehr Wohlstand als die Kleidung der Person vor mir. Da muss ich wohl reicher und besser sein als sie! Ach so, und Einparken kann ich als Mann auch besser als die Frau neben mir. Diese negative Stereotypisierung dient der Selbstwerterhöhung (Sommer, 2017; Spears & Tausch, 2014). Ich bin also besser als der*die da. Dabei sagt Kleidung gar nichts über Reichtum aus und Einparken können wir alle gleich gut/schlecht.

Dieser Prozess der Stereotypisierung bringt also nicht nur individuelle Funktionen sozialer und affektiver Natur mit sich, sondern führt durch die vermeintlich sinnhafte Aufteilung der Welt in Gruppen auch zur voneinander abgrenzenden – basierend auf Ethnozentrismus (Lüsebrink, 2016). Also dem „In den Mittelpunkt stellen" der eigenen Gruppe. Die ist schließlich immer besser, normaler oder natürlicher. Wie bereits in Kap. 2 thematisiert. Weiter geht es mit einem Prozess, der aufzeigt, wie es nach der Stereotypisierung weitergeht. Was machen wir mit diesen eingeteilten Gruppen und ihren Eigenschaften?

3.2 Zugeordnet und diskriminiert

Die Einteilung von Menschen in Gruppen ist zwar ein unumgänglicher Prozess, aber deshalb nicht gleich ein wertfreier. Es gibt die Gruppe der Studierenden oder der Politiker*innen, also Gruppen, die durch eine Handlung der Gruppe der Ausführenden zugewiesen werden. Natürlich ist kein Student nur ein Student und eine Politikerin kann auch Sportlerin oder Bäckerin sein. Doch dann gibt es eben auch Bewertungen Gruppen gegenüber, wie an den Gruppen der Arbeitslosen, Migrant*innen oder auch trans Personen zu sehen ist. Dieses „Verhalten gegen andere Individuen oder Gruppen, aus dem ein Vorteil einer Gruppe über eine Andere resultiert oder aufrechterhalten wird" wird als Diskriminierung bezeichnet (Sommer, 2017). Sowohl diese Definition als auch die psychologische Suche nach Ursachen – wie das oben beschriebene Energiesparen des Gehirns – fokussieren sich jedoch auf das Individuum. Diskriminierung wird gerne auf der Ebene des Verhaltens zwischen einzelnen Menschen betrachtet. Mit sozialpsychologischen Theorien wie der „social identity theory" und auch „Selbstkategorisierungstheorie" wird das Individuum jedoch aus seiner eigenen Welt herausgehoben und in die Gesellschaft als Referenz und Relation gesteckt. Darunter kann verstanden werden, dass der Mensch in Identität, Einstellungen und Handlungen eben kein isoliertes Individuum ist, sondern immer als gesellschaftlicher Akteur existiert (Spears & Tausch, 2014). Unabhängig von den Motivationen und Prozessen im Einzelnen ist der Gesamtprozess der Diskriminierung eben noch ein Gruppenprozess. Auch Mitglieder einer diskriminierenden Gruppe, die nicht aktiv diskriminieren, haben passiven Anteil. Denn gerade in Verbindung mit der Welt- und Gesellschaftsgeschichte zeigen sich die Einflüsse und Wirkungen von bspw. Hegemonialzeit oder Kolonialismus in der Politik, im Gesellschaftssystem und überall dort, wo Menschen aufeinandertreffen. So wird aus der vermeintlichen Diskriminierung zwischen zwei Menschen (intergroup-Diskriminierung) eine strukturelle Diskriminierung (Arndt, 2017). Strukturell deshalb, weil sie in der Gesellschaft derart verinnerlicht ist, dass es keinen Weg daran vorbei gibt. Wir wachsen damit auf, wir werden damit erzogen, sie bilden unser Wertesystem, finden sich in Medienprodukten wieder u. v. m. Der Akt der Diskriminierung geht dabei nicht mehr nur vom Menschen aus, sondern von menschengemachten Institutionen und Strukturen. Die Gender Pay Gap ist beispielsweise immer noch eine Form von strukturellem Sexismus (Geisberger & Glaser, 2017) und auch die „Ehe für Alle" ist der heterosexuellen Ehe zwischen Mann und Frau noch nicht in allen Belangen gleichgesetzt (LSVD[+] – Verband Queere Vielfalt e. V., o. J.). Genauso ist es auch ein strukturelles Problem, dass People of Color statistisch betrachtet in Deutschland eher von Arbeitslosigkeit betroffen sind oder bei Wohnungssuche abgelehnt werden: Eine Form von strukturellem Rassismus, der damit einhergeht, welche Überzeugungen und Einstellungen wir bezüglich nicht weißen Menschen verinnerlicht haben (Müller, 2015).

Doch was passiert nun mit den Menschen in den Gruppen, die erst negativ stereotypisiert und dann als Gruppe über Jahrzehnte individuell und strukturell diskriminiert werden?

3.3 Leben außerhalb des Sichtfeldes der Mehrheit

Die von Stereotypisierung und Diskriminierung betroffenen Gruppen werden von der Gesellschaft durch die zugeschriebene Andersartigkeit an den Rand gedrängt. Es wird eine Gesellschaft aufgemacht, in der mittig ‚die Normalen' verbleiben und diskriminierte Menschen als ‚die Anderen' am Rand dieser leben. Damit geht auch eine gewisse Unsichtbarmachung einher, die bedeutet, dass diese Gruppen in vielen Perspektiven in Politik, Institutionen und anderen Entscheidungsfeldern eher übersehen werden. Diesen Prozess oder Zustand bezeichnen wir dann als Marginalisierung (Smith, 2014). Dennoch gibt es nicht die eine homogene Mehrheitsgesellschaft und die eine marginalisierte Randgruppe. Marginalisierung findet sowohl einzeln aufgrund der Normabweichung statt als auch übergreifend in Form von Intersektionalität. Ein Individuum kann Diskriminierung und Marginalisierung erfahren, wenn es sich bspw. um einen schwulen cis Mann handelt oder um einen psychisch erkrankten Mann. Doch es ergeben sich hier Schnittpunkte zwischen den Marginalisierungen, die nicht einfach nur addiert werden können, sondern ganz neue Aspekte aufgreifen. Diesen Umstand von ineinandergreifenden und sich beeinflussenden Diskriminierungsformen beschreibt Crenshaw (1989) als Intersektionalität. Aus eigenem Erleben und Beobachtung heraus, stellte sie fest, dass sowohl schwarze Menschen als auch Frauen diskriminiert werden, die Diskriminierung gegenüber schwarzer Frauen jedoch eine ganz andere Dimension und Ausprägung annahm. Ähnlich ergab sich auch die Kritik schwarzer lesbischer Frauen und schwarzer schwuler Männer, die sowohl in den Theorieansätzen der Black Studies als auch der Queer Theory unsichtbar blieben (Dietze et al., 2007). Betrachten wir die Lebensrealität eines schwarzen, schwulen Mannes nun aus der Perspektive der Black Studies oder Queer Theory?

> **Mein Geschlecht macht mich krank?**
> Ein weiteres Beispiel zur Veranschaulichung der Thematik ist auch ein von Depressionen betroffener Mann (cisgeschlechtlich und heterosexuell): Um psychische Erkrankungen herum existieren ohnehin zahlreiche Stigmata und Vorurteile, die die Anerkennung einer eigenen Erkrankung erschweren. Im Falle eines cis-heterosexuellen Mannes wird aufgrund der geschlechtlich konstruierten Rolle in der Gesellschaft diese jedoch noch erschwert. Mann soll „jederzeit stark und fit sein" und „darf nicht wehleidig sein" (Sieverding, 2004, S. 25). So zeigen sich Geschlechtereffekte in Sachen psychischer Erkrankung, dass Frauen signifikant häufiger von psychischen und psychosomatischen Beschwerden betroffen sind (Möller-Leimkühler, 2005). Doch nicht, weil sie tatsächlich öfter erkranken, sondern weil bei Männern die Dunkelziffer höher geschätzt wird. Männer suchen seltener oder später erst nach ärztlicher Hilfe, reden seltener mit Anderen über ihre Probleme und auch eine AOK-Pressemitteilung spricht von „Vorsorge-Muffeln" (Sieverding, 2004). Im Vergleich dazu sind auch Frauen und nicht-binäre Menschen aus zahlreichen anderen Gründen vermehrt von psychischer Belastung betroffen, doch das wäre ein ganz eigenes Buch.

Schauen wir nun noch einmal zurück auf die Idee der marginalisierten Gruppen am Rand der Gesellschaft – unabhängig von einer Einfach- oder mehrfach Marginalisierung – dann stellt sich oft eine Frage: Wie wird diese Marginalisierung aufgehoben oder zumindest verringert?

Hier wird für einen konstruktiven Umgang von einer Sichtbarmachung der marginalisierten Gruppen gesprochen, wie es sowohl im Alltag als auch Medienprodukten umgesetzt werden kann (Bayramoğlu & Lünenborg, 2018; Grittmann & Thomas, 2018). Denn mit marginalisierten Menschen in Kontakt zu treten – auch indirekt über mediale Repräsentation – kann den Abbau der wahrgenommenen Unterschiede bestärken (Rowe, 2010). So wird der homosexuelle Mann im Film zwar durch das Anschauen des Filmes nicht weniger homosexuell, aber dem heterosexuellen und männlichen Zuschauer wird klar: Die möglichen Gemeinsamkeiten sind viel zahlreicher als die Unterschiede. Egal ob es das morgendliche Rasieren ist, ein geteiltes Interesse an Fußball oder die Liebe fürs Handwerken. Dieser Gedanke des Diskriminierungsabbaus durch den Kontakt geht als Idee bereits auf die 1954 von Gordon W. Allport postulierte „Kontakt-Hypothese" zurück. Seine Beobachtung und Forschung zeigte, dass der Kontakt mit out-groups Vorurteile gegenüber der Gruppe verringern kann (Spears & Tausch, 2014). Das passiert aber natürlich nicht einfach nur so durch den bloßen Kontakt wie in derselben Straßenbahn sitzen oder sich an einer Supermarktkasse begegnen. Allport beschrieb vier Bedingungen, die den Effekt der Kontakt-Hypothese stärken: (1) Kooperation, (2) gleicher Status, (3) Zielerreichung durch Interaktion und (4) Unterstützung durch Autoritäten.

Allports Kontakt-Hypothese (Allport, 1954)

(1) *Kooperation* beschreibt die Situation als eine gemeinsame, nicht an einem Wettbewerb orientierte Zusammenarbeit. Ein Beispiel wäre ein gemeinsames Referat im Seminar.
(2) *Gleicher Status* greift auf, dass es sich nicht um eine ungleiche, hierarchische Beziehung handeln darf. Bleiben wir am Beispiel der Universität, so wären zwei Studierende im gleichen Status, ein Student und seine Dozentin nicht.
(3) *Zielerreichung durch Interaktion* betont noch einmal die Notwendigkeit einer Zusammenarbeit. Am Beispiel der Studierenden wäre hier für das Referat ein Austausch notwendig. Ein anfangs festgelegtes „du machst die Themen A und B, ich mach C und D" reicht kaum aus.
(4) *Unterstützung durch Autoritäten* bedeutet im Kontext der Kontakt-Hypothese, dass der Rahmen der Interaktion durch eine übergeordnete Organisation strukturiert wird. Wie hier beispielsweise der Universität oder dem Dozenten. Eine Dozentin, die immer mal wieder nachfragt und einen Blick auf den Prozess hat.

Wenn ich die Kontakt-Hypothese Allports nun aber so, wie er sie 1954 beschrieben hat, im Kopf habe und eine Anwendung in der heutigen Zeit zum Abbau von Vorurteilen versuche, dann wird das scheitern. Nicht, weil die Kontakt-Hypothese gänzlich falsch ist. Sondern vielmehr, weil es vielseitige *outgroups* gibt, gegenüber derer ich Vorurteile haben kann. Wäre ich gegenüber allen vorurteilsbehaftet, dann bräuchte es also einen so passend gearteten Kontakt mit Menschen aus jedem Land, mit People of Color, mit körperlich, geistig und seelisch beeinträchtigten Menschen, mit Menschen jeder Sexualität und jeder Geschlechtsidentität. Nur dann könnte ich mir ein eigenes Bild machen. Oder? Nur wenig, schließlich ist ein männlicher und schwuler Freund nicht das Abbild aller schwuler Männer. Es geht also auch um eine Differenzierung – ein wenig wie in der Wissenschaft. Die Menge und die Anwendung von Statistik macht es. Ein psychisch kranker Student ist keine Aussage dafür, dass ein Studium psychisch krank macht. Wären jedoch 50 von 100 Studierenden mit ähnlichen Voraussetzungen im Laufe des Studiums psychisch erkrankt, dann vielleicht schon eher.

Um also nun kein direktes Umfeld von 100.000 Menschen täglich zu haben, gibt es andere Möglichkeiten, Menschen anderer ‚Gruppen' kennenzulernen: Unter anderem Medieninhalte (Rowe, 2010). Eine kritische und heterogene Repräsentation anderer Gruppen in Medien kann dabei helfen, Vorurteile abzubauen. Dies setzt voraus, dass bereits bestehende Vorurteile und Stereotype nicht reproduziert werden. Ebenso ist es dem Vorurteilsabbau dienlich, die betroffenen Personengruppen in Kontexte einzubauen und Eigenschaften zu zeigen, die alltäglich sind und verbinden (Grittmann & Thomas, 2018). Frei nach dem Motto, dass auch ‚mir fremde Menschen' ein normales Leben wie ich führen, in dem sie einkaufen oder ins Kino gehen, Steuererklärungen abgeben, Fußballfans sind usw. Neben dieser Normalisierung spricht Johanna Schaffer, Professorin für visuelle Kommunikation, ebenso von einer ‚anerkennenden Sichtbarkeit' (Grittmann & Thomas, 2018; Maier, 2018). Dies umfasst, die vorhandenen Umstände der Marginalisierung als Teil des Erlebens anzuerkennen, wie beispielsweise Queerfeindlichkeit. Eine anerkennende Repräsentation einer queeren Person würde in diesem Sinne also 1. Diskriminierung als Alltagserleben darstellen und aufzeigen, 2. die Identität durch positiv dargestellte Eigenschaften stärken und 3. sich auch an der Heterogenisierung beteiligen. Letzteres bedeutet das Klarstellen, dass nicht jede queere Person *so* ist. Ja, es gibt auch queere Menschen ohne bunte Haare und Karabinerhaken am Gürtel.

Bestimmt denken einige jetzt an ihre regelmäßig konsumierten und vermutlich populäreren Medien. Regelmäßiges Anschauen von Tatort, mehrfaches Lesen von Harry Potter[2] oder ein Filmabend mit Netflix? Fernsehen, Literatur, Film. Bekannte und normalisierte Medien. Warum im Rahmen dieses Buches nun also Videospiele besprechen, sind die nicht nur so ein Randphänomen?

---

[2] Die Buchreihe um den Zauberer möchte ich nicht erwähnen, ohne die transfeindlichen und auch frauenfeindlichen Ideen der J. K. Rowling anzusprechen. Interessent*innen können dies problemlos ergoogeln.

4

Videospiele als Teil der Lebenswelt und Gesellschaft

Von Pac-Man über World of Warcraft bis hin zu Fortnite. Jede Generation seit Aufkommen der Videospiele hat ihre eigenen Spiele und eigenen Erfahrungen gemacht. Das vierte Kapitel beschäftigt sich deshalb nicht nur mit der grundsätzlichen Präsenz von Videospielen, sondern betrachtet auch psychologische Gründe für das Spielen und zeigt mögliche Wechselwirkungen zwischen Spiel und Spieler*in auf. Das ganze endet dann mit einem medienpsychologischen Blick auf das Thema Repräsentation von Minderheiten in Medien und wieso diese so wichtig ist.

4.1 So präsent sind Videospiele

Ja, von all den möglichen Medien habe ich mir ausgerechnet Videospiele ausgesucht. Zusammen mit Printmedien (Zeitungen, Bücher etc.), Film, Fernsehen und Radio eines der Massenmedien. Nicht nur weil es „in Massen" existiert, sondern weil es ein ‚Kommunikationsmittel aus technischer Produktion zur massenhaften Verbreitung' ist (Hickethier, 2010). Aufgrund ihrer aktiven und interaktiven Eigenschaften während der Nutzung hebe ich sie ein wenig von den oben genannten passiv konsumierbaren Medien ab. Auch, weil Videospiele im Vergleich zu den anderen Massenmedien ein Quartärmedium darstellen. Einen kurzen Einblick ins Thema Medialitäten und Beispiele hierzu finden sich im Info-Kasten.

> **Aktive und passive Medien: Über Medialitäten**
>
> In der Medienwissenschaft gelten Medien wie oben erwähnt als Kommunikationsmittel. Harry Pross führte zur Unterscheidung verschiedener Medien die Kategorien primäre, sekundäre und tertiäre Medialität ein (Pross, 1972, zitiert nach Freyermuth, 2015). Hierbei geht es um die (Nicht-)Anwendung auf Sender- und Empfängerseite.
>
> **Primäre Medien** nutzen gar keine Technologie, so wie es beispielsweise bei der Sprache oder Gestik der Fall ist.
>
> **Sekundäre Medien** nutzen Technologie auf der Produzenten-/Senderseite. Eine Tageszeitung benötigt im Druck und Vertrieb Technologien, doch der Empfänger des Mediums liest sie ohne Anwendung von technischer Ausstattung.
>
> **Tertiäre Medien** benötigen Technik auf beiden Seiten, wie es zum Beispiel beim Fernsehen der Fall ist.
>
> **Quartäre Medien** beschreiben nun Medien, bei denen beidseitig multimediale Technologie verwendet wird und der Medienkonsum Input des Empfängers benötigt, der dann wiederum auf das Medium zurückgespielt wird und dieses verändert. So wie es eben bei digitalen Medien, dem Chaträumen und beim Videospiel der Fall ist.

Stellen wir uns jetzt einmal drei Menschen vor, die jeweils einzeln den 3. Teil von Herr der Ringe anschauen und drei andere Menschen, die jeweils ‚Der Herr der Ringe: Die Rückkehr des Königs' auf dem GameCube spielen.

Diejenigen, die den Film sehen, sehen alle denselben Film. Sicherlich mit ein paar unterschiedlichen Aspekten, die auffallen oder eben nicht. Aber der Film, der vor ihnen abgespielt wird, bleibt derselbe. Auch dann, wenn sie aufs Klo gehen und die Pausetaste vergessen. Die drei Videospielenden hingegen werden das Spiel anders erleben. So macht es einen Unterschied, ob ich Gandalf oder Legolas spiele. Und wie ich am Ende des Levels erworbene Erfahrungspunkte investiere. Was auch nur dann passiert, wenn ich es tue. Es benötigt Input. Wenn ich aufs Klo gehe, dann passiert nichts. Außer, dass ich vermutlich von Orks verprügelt werden, wenn ich das Pausieren vergesse.

Deshalb behandle ich **Video**spiele nicht als Medium neben Film, Fernsehen und Co., sondern mit Fokus auf das Video**spiel** als das, was es ist: ein Spiel. Ein Spiel, das wie andere Spiele auch die Spieler*innen benötigt. Ein leerer Fußballplatz wäre ja auch kein sehr gutes Fußballspiel.

Auch wenn wir es versuchen würden, wegzudenken sind Videospiele aus der globalen Medienlandschaft nicht mehr. So beläuft sich die Anzahl der Videospieler*innen in Deutschland seit 2018 einigermaßen gleichbleibend bei rund 34,3 Mio. (game, 2022). Das macht bei ~ 83 Mio. Deutschen mehr als 40 %. Auch bei Kindern und Jugendlichen zeigen Untersuchungen, wie beispielsweise die KIM und JIM[1], dass 38 % der befragten Jugendlichen (12–19 täglich digitale Spiele nutzen (Medienpädagogischer Forschungsverbund Südwest, 2022).

---

[1] Die Studien 'Kindheit, Internet, Medien' bzw. 'Jugend, Internet, Medien' werden seit 1998 bzw. 1999 im jährlichen Turnus durch den Medienpädagogische Forschungsverbund Südwest (mpfs) durchgeführt, um das Medienutzungsverhalten der Kinder- und Jugendlichen von 6-19 zu untersuchen.

4.2 Warum spielen wir?

Ganz gleich ob nun selbst als Erwachsener, als Jugendlicher oder mit Blick auf unsere Klient*innen im beruflichen Kontext: Videospiele sind ein häufig präsentes Medium im Alltag. Die unterschiedlichsten Spiele und unterschiedlichsten Genres erfreuen sich großer Beliebtheit. Da fragt man sich doch manchmal, „warum eigentlich?"

Viele Menschen würden oberflächlich vermutlich antworten, dass es eben Spaß macht. Aber auch „Spaß" ist Vieles – ein guter Witz ist spaßig, eine tolle Achterbahn macht dir Spaß oder dein Lieblingssport. Deshalb führt dieses Kapitel kurz aus, welche psychologischen Modelle und Theorien in Bezug auf die Frage des „Warum?" relevant sein können. Diese Darstellung ist keinesfalls erschöpfend: Es gibt nicht nur eine große Bandbreite an Bedürfnistheorien, Motivationstheorien und Handlungsmodellen, sondern es wird auch in Zukunft voraussichtlich noch neue Gedanken und Ausarbeitungen dazu geben. Doch eine Grundidee zur Verknüpfung kann vermittelt werden. Nicht nur aus nerdigem Wissen heraus, sondern auch, um sich vielleicht selbst immer mal wieder die (medienpädagogische) Frage zu stellen: Warum zocke ich gerade überhaupt? Wieso macht mir das Spiel hier so viel Freude?

Zeitlich zuerst entstanden ist das *Konzept der Salutogenese* (nach Aaron Antonovsky). Unter Salutogenese kann übersetzt die „Entstehung von Gesundheit" verstanden werden. Analog dazu kennt man vermutlich Pathogenese als Krankheitsentstehung. Für uns im Kontext der Videospiel-Motivation ist hier vor allem das Kohäreänzgefühl wichtig. Interessierte an Antonovskys Hintergründen des Models können intrinsisch motiviert den Infokasten lesen.

> **Antonovsky und die Salutogenese**
>
> ‚Gesundheit' als solche ist nicht die bloße Abwesenheit von Krankheit, sondern auch das Vorhandensein von körperlichem, psychischen und sozialem Wohlbefinden *(WHO, 1948)*. Antonovsky stellte in den 70ern bei einer Erhebung zur Anpassungsfähigkeit von Frauen an die Umstände und Veränderungen der Menopause fest, dass einige befragte Frauen trotz ihrer Vergangenheit in einem nationalsozialistischen Konzentrationslager die eigene Gesundheit als eher gut einschätzten. Das warf die Frage auf, welche Umstände, Fähigkeiten oder Ressourcen den Menschen halfen, schreckliche Erfahrungen irgendwie auszuhalten und die eigene Gesundheit wiederherzustellen (Reimann & Hammelstein, 2006, S.14).
>
> Es entstand in Antonovskys Kopf ein Kontinuum zwischen Gesundheit und Krankheit. Kein Mensch ist 100 % gesund oder krank. Stattdessen sind wir immer irgendwo dazwischen. Davon abhängig, wie sehr wir gerade subjektiv Schmerz und Leid empfinden, wie stark unsere alltäglichen Funktionalitäten eingeschränkt sind, wie stark wir in diesem Zustand handeln können und wie die Aussicht in der Zukunft ist. Denn auch bei starkem Leid in dieser einen Sekunde kann das Gefühl von Gesundheit positiv aussehen, wenn ich weiß: „In 2 Tagen ist es vorbei." Und umgekehrt genauso. Wie gesund fühle ich mich jetzt gerade, wenn ich an nichts leide und nicht beeinträchtigt bin, aber weiß, dass es in 2 Jahren ganz schlimm wird?

Im Zentrum dieses Modells (Abb. 4.1) steht, von internen und externen Widerstandsressourcen[2] gestützt, das ‚Kohärenzgefühl'. Es beschreibt das Gefühl des Menschen, dass die eigene Person und die Welt schon irgendwie zusammenpassen. Dabei besteht diese Kohärenz aus den drei

---

[2] Fähigkeiten, Eigenschaften, Mitmenschen, Umfeld u. v. m., das von innen heraus oder von außen die Wahrscheinlichkeit, mit widrigen Lebenssituationen/-umständen umzugehen, erhöht. Das kann ein ausgeprägter Sinn für Humor sein (=interne Ressource) oder ein stabiler und unterstützender Freundeskreis (=extern).

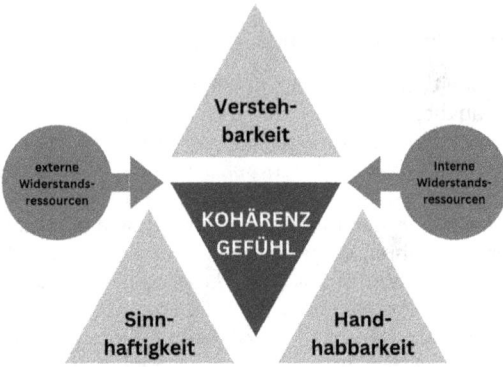

Abb. 4.1 Salutogenesekonzept – selbsterstellte Grafik nach Reimann und Hammelstein (2006)

Bereichen der Verstehbarkeit, der Handhabbarkeit und der Sinnhaftigkeit. Wir fühlen also eher ein Gefühl von Kohärenz – dem Zusammenpassen zwischen uns und der – wenn wir …

- … wir uns und die Welt verstehen oder zumindest fühlen, sie zu verstehen
- … wir das Gefühl haben, mit uns und der Welt gut umgehen zu können
- … wir einen Sinn in unseren Handlungen, unserer Existenz und der Welt erkennen

Sind diese Teilgefühle vorhanden oder stärker ausgeprägt, dann kann von einer erhöhten Zufriedenheit und subjektiv eher als besser wahrgenommenen Gesundheit ausgegangen werden. Es ist quasi „salutogenetisch" günstig, um Antovoskys Wort noch einmal aufzugreifen.

Aber was hat das jetzt mit Videospielen zu tun? Eine gute und berechtigte Frage. Gedanken, Handlungen oder auch Lebensumstände, die das Kohärenzgefühl stärken, fühlen sich gut an. Das betrifft nicht nur positive Gedanken wie „ich bin zwar gerade übers Wochenende auf einem anstrengenden Montage-Termin, aber zu Hause wartet mein liebevoller Ehemann auf mich". Auch Yoga kann als Aktivität die Kohärenz stärken, wenn es für die Person im Sinne der drei Aspekte gut passt. Ebenso wie auch ein Videospiel. Der Aspekt der ‚Handhabbarkeit' kann auch heruntergebrochen werden auf eine Art positive Erfahrung und Vertrauen in eigene Fähigkeiten, um den Anforderungen des Lebens gerecht zu werden. Und wenn ich Battlefield spiele, dann ist eine Anforderung des Lebens eben auch, den Gegner zu treffen, bevor er mich trifft. Kann ich das gut, weil ich meine Reflexe geübt habe und die Hand-Augen-Koordination funktioniert, dann ist das Spielerlebnis ‚handhabbar'. Wenn ich es noch über einen Discord-Call mit meinen Freund*innen zusammenspiele und wir als Gruppe zusammenhalten müssen, dann kann dies ein Gefühl gemeinsamer Sinnhaftigkeit schaffen. Und zu guter Letzt, wenn ich das Spiel und seine Mechanik und den Gegner kenne und gut einschätze, erlebe ich auch die Verstehbarkeit. Genauso können Videospiele auch als Widerstandsressourcen erlebt werden: ein Videospiel als sicherer Rückzugsort in einem stressigen, schnellen Leben. Oder mein online Clan, der mir sozialen Rückhalt gibt und mit dem ich über Gefühle und Probleme sprechen kann. Denn am Ende des Tages sind Videospiel auch a) eine Aktivität wie jede Andere und b) ein digitaler Raum, in dem ich mich aufhalten und den ich für mich gestalten kann.

Neben der vorangegangenen Frage nach der Entstehung von Gesundheit führe ich auch die **Konsistenztheorie** von Klaus Grawe mit an. Dieser stellte sich die Frage nach den menschlichen Grundbedürfnissen: Was braucht ein jeder von uns? Also außer Essen, Trinken und Sauerstoff. Für den Psychotherapeuten steht ein Gefühl von Spannungsfreiheit im Mittelpunkt. Quasi innere Entspanntheit. Sich entspannt oder nicht entspannt fühlen, das kennt jeder von uns. Zur Anspannung – auch Inkonsistenz/Inkongruenz genannt – kommt es nach Grawe, wenn zwischen unseren Bedürfnissen oder Bedürfnissen und Außenwelt ein Konflikt entsteht. So könnte ein Bedürfnis nach Ruhe und Natur nur schwerlich befriedigt werden in der geschäftigen und lauten Innenstadt Berlins.

> **Mögliche Quellen der Inkongruenz:** stark ausgeprägtes Vermeidungsverhalten, Konflikte zwischen meinen Motiven, problematische Gedanken und Überzeugungen, ungünstiges Beziehungsverhalten, ungünstige zwischenmenschliche Beziehungen, ungünstige Lebensbedingungen, fehlende Ressourcen zur Problembewältigung, fehlendes Bewusstsein für eigene Möglichkeiten und Stärken, psychopathologische/körperliche Symptome, schlechtes Wohlbefinden (Caspar et al., 2018, S. 40)

Um nun in Sachen 'Bedürfnis' nicht in individuelle Vorlieben und Persönlichkeitseigenschaften zu verfallen, hat Grawe vier übergeordnete Grundbedürfnisse (Abb. 4.2) beschrieben (Caspar et al., 2018):

1. **Bedürfnis nach Bindung:** In Kontakt und Verbindung sein mit anderen Menschen und der Welt.
2. **Lustgewinn/Unlustvermeidung:** Quasi das Bedürfnis nach Spaß und das Vermeiden von weniger Spaß. Ein Grund, wieso ich so ungern Statistik lerne.
3. **Orientierung und Kontrolle:** Das Bedürfnis danach, Dinge zu verstehen, im Blick zu behalten, sie bewältigen zu können und irgendwie auch zu wissen, wer man ist und was man will. So als Orientierungshilfe.
4. **Selbstwerterhöhung/Selbstwertschutz:** Ich möchte mich gut finden. Dazu zählt je nach Person ein gutes Aussehen, klug sein, bestimmte Fähigkeiten, beliebt

4 Videospiele als Teil der Lebenswelt … 45

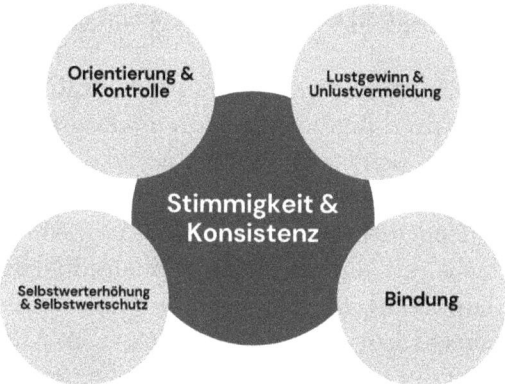

Abb. 4.2 Konsistenztheorie – selbsterstellte Grafik nach Caspar et al. (2018)

sein u. v. m. Was gut dazu passt, ist „selbstwerterhöhend" und was dazu führen würde, mich weniger gut zu führen, wird eher vermieden – Selbstwertschutz. Auch ein Grund, warum ich Statistik ungern lerne. Ich verstehe vieles nicht und fühle mich dann dumm. Nicht gut für den Selbstwert.

Also, was haben Videospiele nun mit Grawes Konsistenztheorie bzw. den vier Grundbedürfnissen zu tun? Das ist eigentlich ganz simpel: Videospiele können die Bedürfnisse auch erfüllen, so wie andere Dinge. Bedürfnis nach Bindung? Online Games und Clans/Gilden. Lustgewinn? Jedes Spiel, das dir Spaß macht. Unlustvermeidung? Fortnite deinstallieren. Orientierung und Kontrolle? Klingt nach einem Fall für Strategie- oder Simulations-/Managementspiele. Und gut für den Selbstwert kann jedes Spiel sein: Ich hab in Skyrim das schönste Schwert, in die Sims ein wunderschönes Haus, in City Skylines eine florierende und erfolgreiche Stadt. Warum habe ich das? Weil ich toll bin. Aus demselben Grund habe ich Dark Souls deinstalliert. Ständiges Sterben war nicht gut für meinen Selbstwert.

Das von Martin Seligman entworfene **PERMA-Modell** aus der positiven Psychologie hat nur wenig mit „perma" im Sinne von 'permanent' zu tun. Stattdessen steht jeder Buchstabe für einen Faktor, der laut Seligman unser Wohlbefinden beeinflusst. Diese sind ‚positive emotion', ‚engagement' (dt. Einbindung), ‚relationship' (dt. Beziehungen), ‚meaning' (dt. Sinnhaftigkeit), ‚accomplishment' (dt. Errungenschaft). Damit legt Seligman als Mitbegründer der positiven Psychologie u. a. den Fokus auf positiv wirkende Faktoren (Braun et al., 2020). Auch diese Faktoren bedeuten im Grunde genau das, was sie bedeuten (Abb. 4.3).

Wie bei den anderen Modellen können Videospiele in den Kontext des PERMA-Modells gesetzt werden. Es gibt Überschneidungen zu anderen Modellen. Der Faktor *‚Relationship'* im PERMA-Modell kann ebenso wie ‚Bindung' (Konsistenztheorie) und soziale ‚externe Widerstandsressourcen' (Salutogenese) davon profitieren, wenn wir Videospiele als gemeinsames Hobby verfolgen. Sei es

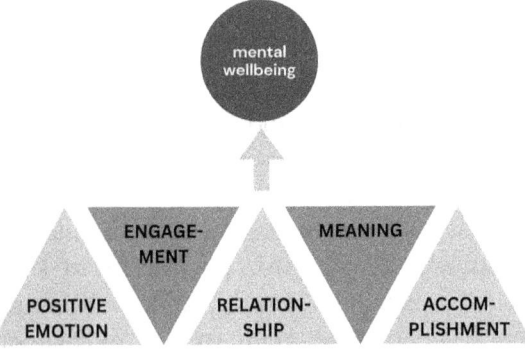

Abb. 4.3 PERMA Modell – selbsterstellte Grafik nach Braun et al. (2020)

das Spielen an derselben Konsole, das Onlinegaming mit Schulfreund*innen oder das ortsunabhängige Zusammenfinden in online Gilden und Clans: Videospiele können neue Beziehungen mit neuen Menschen schaffen und vorhandene Beziehungen erweitern. Der Faktor ‚*meaning*' findet sich sowohl in der ‚Orientierung & Kontrolle' (Konsistenztheorie) als auch in der ‚Sinnhaftigkeit' (Salutogenese) wieder. Spielinterne Regeln und Vorgaben oder auch die Geschichte des fiktiven Universums können hier positiv wirken. Fans von *Legend of Zelda* erleben im Spiel den Sinn des Heldentums. Ich bin Link, der Held, der Hyrule retten muss. Mein (fiktives) Leben verfolgt diesen einen Sinn. Ein Umstand, der in vielen Spielen eine Rolle spielt. Manchmal müssen wir aber nicht gleich so groß denken. So reicht es *Alan Wake* auch aus, seine Frau Alice zu retten. Was zusammen mit dem Fakt, dass das Licht seiner Taschenlampe die bösen Geister des Albtraumes besiegen, für ziemlich viel Orientierung und Kontrolle sorgen kann. Apropos Kontrolle: Die Sims. So grundsätzlich. Wenn meine Sims mitmachen. Was mich auch gleich zum Faktor ‚*accomplishment*' führt. Sims-Spieler*innen kennen das Gefühl der Errungenschaft bestimmt, wenn man ohne Cheats endlich das eigene Traumhaus gekauft/gebaut hat. Nicht weniger ein Motivator als es auch in Dark Souls ist, diesen einen Boss-Gegner endlich besiegt zu haben.

> **Kritik an PERMA und der positiven Psychologie:** „Wer die unterstellte Freiheit zur Lebens- und Selbstoptimierung nicht ergreift, ist selbst schuld", schreibt Senta Brandt in ihrer Dissertation. Interventionen und Techniken der positiven Psychologie gehen u.a. davon aus, dass der Mensch als 'seines Glückes Schmied' mit genug Aufwand sein Wohlbefinden schon selbst steigern kann. Das Ausklammern von gesellschaftlichen Strukturen und Problemen steckt dort mit drin. Die Idee von PERMA als Faktoren des

> Wohlbefindens sind nicht allgemeingültig: Die fünf Buchstaben bringen meinem Wohlbefinden im Arbeitskontext nichts, wenn ich täglich Überstunden schiebe, einen unfreundlichen Chef habe und zudem schlecht bezahlt werde (Brandt & Straub, 2024).

Es wird also klar, dass Videospiele wie jeder Medienkonsum und eigentlich jede Handlung im Leben auch irgendwas mit Bedürfnissen zu tun hat. Aber wozu braucht man das? Erstens ist es auch außerhalb von Videospielen und Wissenschaft spannend, sich auch hin und wieder so im Alltag damit zu beschäftigen, was uns guttut und wieso. Ein *F.R.I.E.N.D.S.* Rewatch fühlt sich anders als an die letzte Staffel *American Horror Story*. Zweitens sind diese drei Modelle eine wichtige Grundlage für die nächsten Kapitel, wenn es darum geht, wie Videospiele auf die Spieler*innen wirken können, wieso gespielt wird und wir auch die Frage klären, wieso Repräsentation wichtig ist. Denn auch Repräsentation von Minderheiten in Medien ist nicht nur eine Frage von Politik oder Ethik, sondern auch eine Frage von Bedürfnissen.

4.3 Die Wechselwirkungen zwischen Mensch und Medium

Mit den bisherigen Seiten dieses Kapitels zeigt sich, dass Videospiele schon lange kein Nischenmedium mehr sind und es auch nicht mehr werden. Wenn wir es also nicht mehr wegdenken können, dann lohnt es sich, einen Blick auf die (Aus)wirkungen zu werfen. Was machen Videospiele mit den Spieler*innen und was machen Spieler*innen auch mit den Videospielen? Was fühlt oder denkt ein Mensch so beim Spielen?

„Killerspiele sind Pornos für die männliche Aggressivität" (tagesschau.de, 2009) ist nur eine von vielen Überschriften, die im Laufe der letzten Jahrzehnte zum Thema Videospiele die Presse machte. „Forderungen gibt es viele: Mehr Überwachung, […] ein Verbot von Computerspielen […]", heißt es auch im Artikel des Deutschlandfunk (Menn, 2016). „Ein längerfristiger Konsum von medialer Gewalt führe auch zu einer Abstumpfung gegenüber realer Gewalt.", schreibt Frerichs (Frerichs, 2023) in einem Artikel der ARD. Dies beschreibt die sogenannte Habituationsthese, also die Idee einer ‚Gewöhnung' an Gewalt. So richtig bestätigt werden kann die aber nicht. Doch weder 2009 noch 2016 oder 2023 sind Jahre, in denen man von veraltetem Denkweisen ausgeht. Dennoch finden sich immer wieder und anhaltend journalistische Arbeiten und Aussagen von Politiker*innen, die von einer Gefahr oder zumindest primär negativen Wirkung von Videospielen ausgehen.

Diese Idee, dass ein ganzes Medium eine negative Auswirkung auf seine Rezipient*innen hat, ist nicht neu: Stattdessen ist es eine Fortführung der Medienkritik, die bereits seit dem 18. Jahrhundert zahlreiche andere Unterhaltungsmedien betraf (Fahlenbach & Schröter, 2015). Ganz egal, ob nun Videospiele, das Internet, Fernsehen, Kino oder sogar Bücher, die Perspektive des Kulturpessimismus beschreibt Medien als „Quellen von Entwicklungsdefiziten und gesellschaftlichen Gefährdungen" (Süss et al., 2018, S. 7). Eine dem entgegengesetzte Perspektive der Medienpädagogik ist der kritische Optimismus, der bei Medien von einem festen Teil moderner Gesellschaft ausgeht. Dadurch ist es auch notwendig, einen produktiven und konstruktiven Umgang mit Ihnen anzustreben.

Ein produktiver und konstruktiver Umgang bedeutet, sich der positiven und negativen Aspekte des Gamings bewusst zu sein, um diese auch für sich nutzen zu können. Darunter verstehen wir auch die Mediennutzung im Sinne gesundheitsförderlichen (oder zumindest nicht -gefährdenden) Verhaltens. Wie können Videospiele jetzt aber gesundheitsförderlich sein, schließlich enthalten sie weder Vitamine noch sind sie grundsätzlich mit Bewegung verknüpft? Doch Gesundheit ist mehr als nur das, wenn die Weltgesundheitsorganisation WHO definiert sie als ‚körperliches, geistiges und soziales Wohlbefinden' (WHO, 1948). Und wenn es um geistiges oder soziales Wohlbefinden geht, dann können Videospiele durchaus ‚gesund' sein. Nachfolgend betrachten wir deshalb verschiedene Studien und ihre Ergebnisse. Der Übersichtlichkeit halber sind diese positiven Effekte durch Videospiele in die Bereiche emotional, kognitiv und sozial eingeordnet. Mit dem Schwerpunkt des Buches auf das Thema Repräsentation werden wir vor allem Effekte auf unser soziales Erleben stärker in den Fokus nehmen. Der Vollständigkeit sowie der Wechselwirkung zwischen Kognition, Emotion und sozialem Erleben halber werden alle drei Aspekte aufgegriffen.

Den ersten Blick richten wir auf die Auswirkungen von Videospielen auf unser emotionales Erleben. Das Erleben von Videospielen, das man am ehesten meinen könnte, wenn von „Spaß haben" die Rede ist.

Darunter findet sich zum Beispiel der ‚*Flow-Zustand*', also das Gefühl von Eintauchen und im Spiel aufgehen. Vielleicht kennst du das vom Zocken: Das Spiel nimmt deine gesamte Aufmerksamkeit in Anspruch, dein Umfeld verschwimmt und du fühlst dich, als wärst du wirklich im Spiel drin! Das wird vom Psychologen Mihaly Csikszentmihalyi auch als ‚dynamisches Äquilibrium' beschrieben (Pine et al., 2020). Dieses Gefühl ist vor allem dann stärker ausgeprägt oder leichter zu erreichen, wenn das Spiel klare Ziele und Regeln mit sich bringt, uns das Erleben von Feedback ermöglicht und gleichzeitig Anreize zu besserer Leistung schafft (Eichenberg & Schott, 2017). Wie beispielsweise Minecraft. Ziele gibt es eigentlich keine, die Regeln sind einfach. Gerade am Anfang ist auch noch alles neu und jeder neu craftbare Gegenstand ist direkt ein Feedback: „Ich bin da", sagt dein Hochofen und dein erster Kupferbarren ist ein Erfolg. Doch danach wartet noch mehr Leistung auf dich: mehr Kupferbarren, Eisenbarren, all das damit Craftbare. Noch ein Block hier, eine Hauserweiterung dort. Höher, schneller, weiter. Was haben wir jetzt davon, so im Spiel involviert zu sein? Es tritt die sogenannte Relokation von Aufmerksamkeit ein, also eine Verschiebung deiner Gedanken weg vom Abwasch oder der anstehenden Prüfung hin zum Spiel. Dadurch werden auch angst- oder depressionsbezogene Gedanken verhindert. Je nach Spiel wird das durch die Möglichkeit zur Einstellung des idealen Schwierigkeitsgrades noch erleichtert, um weder Langeweile noch Überforderung zu spüren. Ein optimales Erregungsniveau durch exzitatorische Homöostasis, wie es so schön heißt (Calleja, 2010).

Das kann je nach sonstigem Erleben im Alltag und Leben eine Erholung darstellen, die sich positiv auf unser Wohlbefinden und die psychische Gesundheit auswirken kann. So zeigt auch die Untersuchung von Allahverdipour et al. (2010) bei den 444 untersuchten Heranwachsenden an Middle Schools, dass das gelegentliche Zocken von Videospielen (7–10 h/Woche) im Vergleich mit den Nicht-Spielenden mit einer besseren psychischen Gesundheit, häufigerem Erleben von Entspannung und besserer Emotionsregulation einhergeht. Häufig zu spielen – hier mehr als 10 h pro Woche – war im Vergleich dazu jedoch weniger positiv. Wohlbefinden und Emotionsregulation durch Videospiele waren bei den anderweitig befragten US-Militärs auch die zwei häufigsten Motive für den Videospielkonsum (Banks & Cole, 2016). Doch nicht nur die Ablenkung und die Immersion (das Eintauchen in eine fremde Welt) sind Gründe fürs Gaming, sondern auch das Ausleben unseres Idealselbsts. Denn in der Arbeit von Przybylski et al. (2012) zeigt sich, dass der Spielspaß bzw. die Spielmotivation dann erhöht ist, wenn das Spiel uns ein Ausleben von Fähigkeiten, Eigenschaften oder Handlungen erlaubt, die wir unserem Idealselbst zuordnen. Denn wir alle haben ein Gefühl dafür, wer und wie wir sind (Realselbst) und genauso auch dafür, wie oder was wir gerne sein würden (Idealselbst). Je größer diese Differenz und je näher Idealselbst und das Spielselbst sind, desto motivierter sind wir für das Spiel. Die Untersuchung bezog sich hierbei primär durch die Spielauswahl auf die ideal gewünschten Fähigkeiten der Versuchspersonen: lexikalische Fähigkeiten, visuell-räumliche Fähigkeiten und Mustererkennung. Anwenden dieser Fähigkeiten, die zu unserem Idealselbst passen, führt auch im Anschluss noch zu ‚post-gaming emotions'. Wir fühlen uns auch noch einige Zeit nach dem Spielen besser, wohler, zufriedener.

Aber da wir nicht nur alleine in einem sozialen Vakuum spielen, sondern nicht nur miteinander über Spiele reden, sondern auch miteinander spielen, kommen wir um soziale Auswirkungen nicht herum. Der Aspekt, der gerade im Rahmen dieses Buches hervorzuheben ist. Denn es sind auf zwischenmenschliche Wechselwirkung bezogene Fragen, wenn es um sexuelle und geschlechtliche Identität oder um die queere Community geht. Im Kontext von Videospielen berichten die Gamer*innen hier nach Jones et al. (2014) von einem Gefühl der Einbindung und dem Erleben sozialer Beziehungen. Auch eine erlebte Sinnhaftigkeit kann beim Spielen auftreten, wenn in beispielsweise

MMORPGS[3] wie World of Warcraft Zusammenschlüsse in Gilden dazu führen, sich gemeinsam Herausforderungen zu stellen. Eine Handvoll Gleichgesinnte, mit dem gleichen Hobby, gleichem Interesse und wiederkehrenden Aufgaben. Ein bisschen wie beim Fußballverein. Nur eben online und pixeliger. Diese online Kontakte fangen als digitale Fremde an, aber über das gemeinsame Spiel und Text- bzw. Sprachchat (ggf. über weitere Programme wie Discord/Teamspeak) wird man untereinander immer vertrauter. So berichten in einer Studie von Yee (2006) minderjährige Gamer*innen, dass sie ihre online Beziehungen genauso gut oder sogar besser einschätzen als offline Kontakte, wie beispielsweise Klassenkameraden oder Freunde aus Sportvereinen. Für viele Menschen, die mit dem Thema des Onlinegamings nicht selbst vertraut sind, ist die Idee, sich gar nicht real gegenüberzustehen und dennoch kennenzulernen und zu vertrauen, eine absurde Idee. Doch gerade das gemeinsame Spiel ist in einer 2011er-Studie ein ausschlaggebender Faktor des Zusammenwachsens: Einzigartige Orte, an denen unterschiedliche Menschen gemeinsame Ziele in einer virtuellen Welt verfolgen (Snodgrass et al., 2011). Das schafft die Möglichkeit für die Gamer*innen, auch außerhalb ihrer altersbezogenen Peergroup neue Kontakte zu knüpfen. Eine Vielfalt im Umfeld, die sich positiv auf die eigene Identitätsbildung auswirken kann: Anstatt tagtäglich gleichaltrige Kinder vom Gymnasium zu treffen, ermöglicht das Spiel eben auch das Zusammenkommen unterschiedlicher Altersgruppen und Bildungsschichten. Die Gamer*innen finden also auch

---

[3] Abkürzung für Massive Multiplayer Online Role Playing Game, bei dem eine Vielzahl von Spieler*innen auf einem Server dasselbe Rollenspiel spielen.

Kontakte mit einem breiteren Erfahrungsschatz, während sie gleichzeitig immer noch eine ‚sichere Distanz' zueinander haben. Wir stehen uns nicht gegenüber, meine Mimik und Gestik, mein Aussehen und meine Kleidung spielen keine Rolle. Das sind vermutlich auch Faktoren, die für 2/3 der Befragten eine Rolle spielten, als sie laut eigener Aussage ihre sensiblen Themen und Probleme lieber mit den online Kontakte teilten als mit offline Freund*innen (Cole & Griffiths, 2007).

Doch muss man die sozialen Kontakte so klar zwischen offline und online trennen? Natürlich nicht! Auf der einen Seite gibt es die in online Communitys gängigen ‚Community-Treffen', um über das Land (oder Kontinente) verteilte Menschen zusammenzuführen und auch Events wie die Gamescom, bei der sich oft die bisher nur über das Internet bekannte Menschen treffen. Die andere Seite bringt aber auch eine offline-online Connection mit sich, denn wer sagt denn, dass ich mit meinem besten Freund aus der Schule nicht auch zocken kann? So auch Ergebnisse einer Studie von Snodgrass et al. (Snodgrass et al., 2011), die zumindest in den ersten Befragungen von WoW-Gamer*innen zeigen, dass das gemeinsame Zocken mit offline Freund*innen negative Effekte des Spielens abschwächen kann. Unter diesen negativen Effekten sammeln die Autor*innen zum Beispiel 'problematisches Nutzungsverhalten' (hier verstanden als Ausprägungen der Symptomatik der Internet-/Videospielsucht) oder auch das Erleben von Stress, Leistungsdruck und zwischenmenschlichen Konflikten in bspw. Gildenzusammenschlüssen. Hinzu kommt auch, dass das gemeinsame Spiel die Freundschaft um eine neue Gemeinsamkeit erweitern und unabhängig von der geografischen Nähe eine neue Ebene des Miteinanders schaffen kann (Reinecke & Klein, 2015). Gemeinsame Herausforderungen meistern, Erfolge feiern und sich beim nächsten Treffen (in der

Schule bspw.) darüber austauschen: „Der Bossfight gestern war echt hart, aber danke dir für den Support!" Im Falle von größeren und zeitlich längeren Herausforderungen oder der Einbettung in einen gemeinsamen Handlungskontext, kann auch von einer gemeinsamen Sinnhaftigkeit gesprochen werden. Das Spiel ist nicht nur noch ‚ein Hobby', eine Beschäftigung und Spaßfaktor. Vielmehr kann es als eine sinnhafte Handlung erlebt werden. ‚Sinnhaft' kann hier etwas beschreiben, was entweder im Einklang mit eigenen Werten steht oder eben das Gefühl vermittelt, „Teil von etwas zu sein, das größer ist als man selbst." Das kann eine feste Freundesgruppe sein, die auf einem gemeinsamen Minecraft Server ein Bauprojekt verfolgt oder eine Gilde in World of Warcraft, die sich dort gefunden hat und gemeinsame Quests, Raids usw. meistert. Ein anderes Beispiel für die Verbindung durch Videospiele und die Sinnhaftigkeit zeigte sich auch mit Halo 3, als 2009 eine Gesamtzahl von 10 Mrd. getöteten Aliens erreicht wurde (McGonigal, 2011). Hierfür war eine anhaltende und gemeinsame Aktivität im Spiel notwendig. Laut Brian Jarrard – Community Director bei 343 industries – sind es zwei Jahre nach Release immer noch über 1 Million Spieler*innen jeden Tag (Brudvig, 2009). So viel zu der Frage, ob Videospiele Menschen zusammenbringen können. Auch, wenn die 1 Million Menschen nicht alle direkt miteinander spielen, so ist es doch eine Masse von Menschen, die im selben Spiel dieselben Ziele und Aufgaben verfolgen. Ein bisschen wie im Alltag: Ich bin nicht mit allen Student*innen meiner Universität verknüpft und trotzdem verbindet uns der Kontext der Universität und das eigene Anstreben eines Abschlusses.

Zu guter Letzt möchte ich noch kurz positive Auswirkungen auf die Kognition anbringen. Also eine ‚Verbesserung' von gedanklichen Prozessen, von Fähigkeiten und Fertigkeiten. Dazu zählen beispielsweise die sogenannten

‚serious games', ein breiter Überbegriff für Spiele mit Bildungszwecken im Vordergrund. Kinder meiner 90er-Generation kennen da bestimmt noch Gaming-Klassiker wie Löwenzahn. Über Spielspaß undanpassbare Herausforderungen sollten intrinsische (also von uns selbst heraus) Motivationen gefördert werden. Auch das Spiel CHARLY bietet spielerisch Wissenserwerb, Inhaltsverständnis und Motivationsveränderungen im Bereich *Stressimpfungstraining, Entspannungstechniken und Soziales Kompetenztraining.* Im Endeffekt sind ‚serious games' spielerisches und irgendwie auch natürliches Lernen. Dadurch finden sie auch immer breitere Anwendung im psychosozialen und Gesundheitsbereich. Videospiele werden bereits angewandt zur Unterstützung und Behandlung von PTBS, Depressionen, Angststörungen und Weiteren (Eichenberg & Schott, 2017). Mit der Erweiterung technischer Möglichkeiten in Sachen Videospielen wachsen auch die Möglichkeiten der serious games. Eine 2008er-Studie von Baronowsky et al. stellte imSpielverlauf bei 24 serious games einen signifikanten Wissenszuwachs fest sowie Verhaltens- und Einstellungsänderungen (Baranowksi et al., zitiert nach Lischer, 2014).

> **Intrinsische und extrinsische Motivation**
>
> Fühlen wir uns in Richtung einer Handlung gezogen oder gedrängt, so kann man von Motivation sprechen. Wir sind alle mehr oder minder motiviert, nicht von einem Auto überfahren zu werden. Oder eben auch mal motiviert, Schokolade zu essen. In Sachen Motivation unterscheiden wir gerne zwischen ‚intrinsisch' und ‚extrinsisch', also von innen oder von außen stammend.
>
> **Ein Beispiel in Sachen Lernen hierzu:**
> … wenn du dieses Buch liest und die Inhalte 'lernen' möchtest, weil es dich persönlich interessiert, du Gaming und

Psychologie spannend findest, dann ist das *intrinsisch motiviert*. Sagt jedoch dein Psychologiedozent, dass du das Buch für die Prüfung lernen musst, ist das *extrinsisch*.

Ein Beispiel in Sachen Gaming hierzu:
… In deinem engsten Freundeskreis ist ein neues Spiel aktuell. Fünf deiner besten Buddys spielen es jetzt schon und sagen dir immer wieder: „Na komm', kauf dir das auch. Spiel mit!" Dieser Satz kommt von außen und schafft Druck von außen, es ist eine *extrinsische Motivation*. Wenn du dieselben fünf Freunde aber beim Zocken beobachtest und dir denkst, dass das Spiel toll, spannend und lustig aussieht und du es dir kaufst, dann ist das deine eigene Motivation. *Intrinsische Motivation* auf Grundlage deiner Gefühle und Bedürfnisse.

Aber auch außerhalb des konkreten Bildungsanspruches haben herkömmliche Videospiele positive Effekte. Wer hätte das auch anders erwartet bei Tätigkeiten, die langfristige Konzentration, Aufmerksamkeit oder Hand-Augen-Koordination erfordern? Diese Fähigkeiten zu nutzen und auszubauen stellte nach Banks & Cole (2016) auch ein Anreiz bzw. die Motivation dar für den Videospielkonsum aktueller sowie ehemaliger US-Militärs. Und dann sprachen wir noch gar nicht über Zielverfolgung, Teamkommunikation und Reaktionszeit, was in online (First-Person)-Shootern häufig gefordert wird. Denn Videospiele sind nunmal auch Spiele und wie andere Arten von Spielen – ganz gleich ob Uno am Esstisch, Fangen auf dem Pausenhof oder Verstecken im Wald – werden eigene Fähigkeiten in einem sicheren Rahmen ausprobiert und gestärkt. Wir erhalten dabei Feedback über Niederlagen und Siege, ohne Konsequenzen. Ein Ausprobieren unserer selbst. Digital wie Analog.

4.4 Warum ist Repräsentation wichtig?

Das oben angesprochene Ausprobieren bedarf neben der Möglichkeit auch das Wissen um das, was ausprobiert werden soll. Gewisse Spiele aus der Kindheit müssen wir erst kennenlernen, genauso wie die Regeln des Spiels. Auch imaginäres Spiel, wie einen Stock als Schwert nutzen, bedarf des Wissens, was ein Schwert ist oder wie man es benutzt. Zumindest grob. Dasselbe wird auch darüber gesagt, wenn es darum geht, eine Vorstellung über die Möglichkeiten im eigenen Leben zu haben. Marian Wright Edelman formulierte es folgendermaßen: „You can't be what you can't see" (Hasters, 2021). Dabei ging es der schwarzen Kinderrechtsaktivistin um die gedanklich möglichen Berufsperspektiven von Children of Color. So wuchs sie selbst in einer Welt auf, in der medial schwarzen Frauen ein bestimmtes Set an Berufen ermöglicht war: Putzen, den Haushalt machen, Essen servieren. In den Medien eine schwarze Frau als Ärztin sehen oder als Richterin? Für Edelman lange nicht möglich. Und so wie damals sind auch heute Medien mit dafür verantwortlich, welches Bild wir von der Welt haben und welche Differenzierung der Realität stattfindet (Lüsebrink, 2016). Du kannst dir ja gerne mal die Frage stellen, wie du dir eine Stadt in den USA, in Japan und in Uganda vorstellst und woher dieses Wissen kommt. Sofern du noch nicht da warst: Vermutlich aus Film und Fernsehen oder Videospielen. Vielleicht entspricht das Wissen der Realität, vielleicht nicht.

Das medial erlernte Wissen über die Welt betrifft jedoch genauso auch queere Identitäten. Wie bereits in Abschn. 1.1 angesprochen beschäftigen sich die Queer Studies auch mit dem Thema der Sichtbarkeit, der Wahrnehmung und des Vorlebens von Sexualität und Geschlecht außerhalb der Cisheteronorm (Dietze et al., 2007). Wenn du dir mit diesen beiden Dimensionen im Hinterkopf mal deine letzten Serien, Filme, Bücher oder Videospiele ins Gedächtnis rufst: Welche Menschen wurden dort repräsentiert? Und wie? Ganz gleich, wer repräsentiert wird – queere Menschen, psychisch kranke Menschen, Menschen aus Ostdeutschland – die Repräsentation ist auch ein Austausch und Herausbilden von Identität. Auch, wenn du weder queer, psychisch krank noch ostdeutsch bist, würdest du im Falle einer solchen Repräsentation mehr über Andere und deine persönliche und soziale Identität kennenlernen. Lernen, dich in den Gesellschaftskontext einzubetten (Flade, 2017). So wie es bereits in Abschn. 3.1 darum ging, das eigene Sein und Nicht-Sein einzuordnen. Die eigene Identität im Vergleich zu den Menschen um mich herum. Doch was ich im Fernsehen sehe, formt nicht nur mein rein faktisches Wissen um mich und die Welt. So gehen konstruktivistische Theorien zur Repräsentation davon aus, dass es sich bei der medialen Repräsentation um eine soziale Praxis handelt. Denn was medial zu sehen ist, ist nicht objektiv, sondern beeinflusst (Maier, 2018). Von denjenigen, die das Programm schreiben, den Film drehen, das Drehbuch schreiben, die Kamera führen, all das bezahlen u. v. m. Was wiederum dazu führt, dass das, was ich öfter sehe, präsenter und normaler wird. Auch aufgrund dessen, wie es präsentiert wird (Siebler, 2016). Wie oft haben wir in Filmen beispielsweise gesehen, dass der Mann die Frau umwirbt und auch bei einem ersten „Nein" nicht locker lässt, sie weiter umwirbt und schließlich „ihr Herz erobert"? Völlig normal für viele Filme und Serien, die Grenze der Frau hier zu übergehen. Und welche schwulen Charaktere fallen dir aus den Medien so ein? Vielleicht haben die ja alle eine gewisse Darstellung gemeinsam.

Falls ja, dann kannst du nochmal Kap. 3 lesen. Denn wenn ich als bisexuelle, nicht-binäre Person das anhand von Gefühlen und Gedanken irgendwann feststelle, dann kommt schnell auch die Frage auf: Wie geht das? Wie ist das so? Was muss ich machen, um bisexuell und nicht-binär zu sein? Dann treten in meine Erinnerung womöglich zuerst andere Menschen, die ich direkt kenne. Sofern mir da überhaupt welche einfallen. Denn wenn es hier an Vorbildern fehlt, tauchen die Gedanken ab in fiktive Welten. Welche bisexuellen und nicht-binären Menschen kenne ich in Film und Fernsehen? Vielleicht kann mich das inspirieren, um herauszufinden: Ja, so möchte ich gerne sein. Das, was vermeintlich bisexuelle und nicht-binäre Personen ausmacht, möchte gelernt und reproduziert werden. Nicht, als ob es „das Bisexuelle" oder „das Nicht-Binäre" tatsächlich gäbe. Beide Identitäten sind so vielfältig wie die restliche Existenz des Menschen auch. Das einzige, was du für die Identität brauchst, ist das Gefühl in deiner Brust und deinem Kopf, dass es die richtige Identität für dich ist.

Doch zurück zur Person, die die Identität zuerst für sich entdeckt und sich dann also daran versucht, es „richtig" zu machen. Dann landen wir womöglich bei Vorbildern aus Medienprodukten, weil es im eigenen Umfeld womöglich wenig gibt. Wäre da nicht das Problem, dass die Darstellung queerer Menschen in Medien immer noch reduziert und homogen stattfindet. Also irgendwie sind die alle gleich/ähnlich. Stichwort Stereotyp. Dann mache ich das also auch so. Muss ja. Viele schwule oder bisexuelle Männer, die das hier lesen, werden sich wohlverstanden fühlen, wenn ich sage: Ich kenne den Gedankengang, jetzt als queerer ‚Mann' ‚femininer' sein zu müssen, um schwul/bisexuell sein zu dürfen. Doch es ist eben nicht jede Repräsentation auch gute Repräsentation. Denn dort, wo es eigentlich in Sachen Repräsentation von Minderheiten darum geht, Sichtbarkeit und Anerkennung zu schaffen, werden eben häufiger Stereotype wiederholt (Grittmann

& Thomas, 2018). Und womöglich kommt auch noch die Betonung der Andersartigkeit und Überbewertung der abweichenden Kategorie (ein weißer, schwuler Mann, der gerne Tolkien liest, ist ja unabhängig von der Sexualität immer noch ein weißer Mann, der gerne Tolkien liest). Aus der Komplexität des Seins wird dann medial oft „der schwule Charakter". Wenn ich dieses Verhalten jetzt im Fernsehen sehe und annehme, weil es zu mir passt – sich entweder gut anfühlt oder das vermeintlich Richtige für meine Identität sei – dann folge ich den Handlungserwartungen an diese Identität. Was dazu passen möge, wenn man sich Judith Butler in Erinnerung ruft und die Idee der Geschlechterperformativität (Butler, 2021; Hark, 2013). Demnach sind Geschlecht und Sexualität nämlich nicht nur innere und feste Eigenschaften, sondern werden durch ‚performative Akte' ausgehandelt, reproduziert und gefestigt. Stark vereinfacht: Ein schwuler Mann ist der, der schwule Dinge tut. Womit ich per se nicht d'accord gehe, aber für den Kontext dieses Textes nutze ich die Idee. Eine Idee, die sich verknüpfen lässt mit der zuvor erwähnten Sozialen Identitätstheorie und Selbstkategorisierungstheorie. Also die Idee, die unsere Identität als relative Größe zu anderen aufmacht, mit den in-groups und out-groups (Morf & Koole, 2014). Ebenso verknüpft mit der sozial-kognitiven Lerntheorie von Bandura, dass wir Verhalten durch Beobachtung, Verknüpfung und Nachahmung lernen (Süss et al., 2018). Ich *könnte* mir also Verhalten, Auftreten usw. abschauen von der Repräsentation in den Medien. Doch es mangelt hier medial häufig an einer vielfältigen und heterogenen Darstellung. So sehe ich vielleicht zwei oder drei voneinander zu trennende Darstellungen von Bisexualität und zwei nicht-binäre Ausprägungen. Aber das so zu reduzieren ist ungefähr so hilfreich wie zu sagen „ich lese gerne Bücher." Was für Bücher? Romane, Sachbücher, Biografien, Mangas, Kinderbücher,…?

Wenn wir dann eben davon ausgehen, dass die Mitglieder einer Gruppe (bspw. bisexuelle Menschen) alle gleich sind, weil wir medial dieselben Stereotype immer wieder sehen, dann ist das der sogenannte Fremdgruppenhomogenitätseffekt (Spears & Tausch, 2014). Das verstärkt auch noch einmal die Machtverhältnisse, die die Gruppe ja bis dahin bereits von der Mehrheitsgesellschaft abgegrenzt hat. Das erlebte, gedachte und wiederholte „wir und die" (Maier, 2018). Ist diese Gruppe nun nicht nur eine Fremdgruppe, sondern meine Eigengruppe – ich bin jetzt wieder der Bisexuelle – dann formt und beeinflusst mich das. Vielleicht bin ich nicht so promiskuitiv (sprich: sexuell freizügig) wie die repräsentative Person im Fernsehen und frage mich: Bin ich ein schlechter Bisexueller? Oder überhaupt einer? Das kann hier unter anderem den Selbstwert betreffen und negativ beeinflussen (Flade, 2017).

Ich habe jetzt viel über mediale Repräsentation in Film- und Fernsehen gesprochen und über das passive Konsumieren repräsentativer Inhalte. Danach folgte womöglich die Wiederholung und das Ausprobieren. Doch kommen wir jetzt wieder zurück zum eigentlichen Medium des Textes: zu Videospielen. In Abschn. 4.1. ging es bereits darum, dass Videospiele nicht einfach so passiv konsumiert werden können. Ein Spiel braucht den Input der Spielenden, ganz gleich ob nun beim Schach, Basketball oder Counterstrike. Deshalb ist ein Videospiel in vielen Kontexten, aber eben auch beim Thema Repräsentation, anders zu betrachten. Weil hier die Rezeption und die Aktion nicht getrennt ist. Stattdessen kann ich das Spiel sehen und gleichzeitig handeln. Beziehungsweise muss. Lara Croft und ihre Quick-Time-Events lassen mir ja keine Wahl. Die direkte Interaktion zwischen Spieler*innen und der Spielwelt machen Videospiele psychologisch interessant und auch zu einem dynamischen Medium (Krampe, 2018; Mukherjee, 2017). So komme ich als Spieler*in gar nicht umher, mich aktiv in einer Spielwelt zu bewegen und Entscheidungen zu treffen. NPCs kennenlernen, Gespräche führen, andere Menschen oder Lebewesen töten oder leben lassen (Schröter & Thon, 2014). Wahrgenommene Reize, auf die ich reagieren muss. Das kommt eben auch zusammen mit Themen wie Gruppenzugehörigkeit, Umwelt, Diskriminierung. Ich erlebe virtuell hautnah, wie das funktionieren kann und welche Entscheidungen ich vielleicht auch treffen muss. (Raessens, 2015; Sellers, 2006) Manchmal eine Zugehörigkeitsfrage wie in Gothic 1, ob ich nun Teil des alten oder neuen Lagers sein möchte. Oder eben doch die Entscheidung in Mass Effect, ob ich die letzten Überlebenden des Volkes der Rachni auslöschen will oder nicht. Ein Klick hier statt dort und schon ist eine ganze Alienrasse weg. Aktive Entscheidungen können genauso wie passives Miterleben kognitive Prozesse mitformen. Ego-Shooter wie Spec Ops: The Line oder Call of Duty 4: Modern Warfare glänzen hier ja häufig mit weißen, westlichen Protagonist*innen (die du spielst), die dann die ‚Feinde‘ über den Haufen schießen müssen. Die Feinde sind dann nicht-weiße Menschen aus nordafrikanischen Ländern oder auch aus Russland (Schröter & Thon, 2014).

Das Thema Repräsentation ist also komplex. Und eben, wie Abschn. 1.2 zeigt, nicht nur bezogen auf konkrete Charaktere. Gerade der Aspekt des Spielerischen schafft dann aber Videospiele auch als Raum, in dem allererste Schritte einer geschlechtlichen Transition gegangen werden können, wie die Fallstudie von Griffith (2016) zeigte. So berichteten trans Personen selbst davon, wie sie Videospiele genau hierfür nutzen konnten. Das erste Mal einen Rock – wenn auch virtuell. Oder eben zum ersten Mal vom Umfeld mit dem richtigen Geschlecht angesprochen – wenn auch ingame. Beides kann eine Quelle für Geschlechtseuphorie darstellen und das sicher im

Videospiel, ohne die Gefahren der queerfeindlichen Außenwelt (Whitehouse et al., 2023). Das kann neben tatsächlich queerer Repräsentation auch dazu führen, dass Videospiele eben zu einem Spielplatz für Identität werden, zu einem ‚safe space' für queere Menschen (O'Brien et al., 2022; Rivera, 2022). Wer weiß in World of Warcraft schon, ob sich hinter meinem weiblichen Charakter ein 30-jähriger cis Mann mit Bart und tiefer Stimme verbirgt? Genauso wie sich Repräsentation eben auch in einem bloßen Menüpunkt der Charaktererstellung verstecken kann: Männlich, weiblich, nicht-binär. Oder in der Abwesenheit von Identität. So äußerten sich die Teilnehmenden meiner Gruppendiskussion auch positiv darüber, wenn den gespielten Held*innen gar kein Geschlecht zugewiesen – wie beispielsweise in Dark Souls. Man ist einfach nur da und kämpft und der Titel ‚Demonslayer' ist dann irgendwie geschlechtsneutral (Heller, 2023). Auch festgelegte – wie in The Witcher oder Tomb Raider – wurden hier als entspannenden Moment wahrgenommen. Wo keine Wahl ist, trifft man nicht die falsche und dann geht es auch nicht darum, dass es der eigene Charakter und die eigene Person ist. Stattdessen ist man Geralt der Hexer. Oder Lara Croft. All diese Gedanken und Erwähnungen außerhalb der Repräsentation von und durch Charakteren bringe ich an, um aufzuzeigen: Videospiele bringen vielfältigen Mehrwert für queere Menschen mit.

Und Repräsentation von Queerness hört nicht bei einem Charakter, dessen queere Sexualität genannt wird, bereits auf. Queere Menschen in Videospielen sind keine ‚Schaufensterdekoration' (Chang, 2017). Denn Queer zu sein, ist weder im Spiel noch im echten Leben eine bloße binäre Variable: heterosexuell/homosexuell. Es ist schön und einfach, im Spiel, diese Entscheidung treffen zu können. Wenn es nur ein Knopf ist und keinen anderen Unterschied aufmacht als diese eine Variable. Doch was sagt uns das im Kontext einer Gesellschaft, in der es sich weder um eine Dichotomie, eine einzelne Variable noch um eine Entscheidung handelt? Schließlich ist der Vorwurf, sich „für einen queeren Lebensstil zu entscheiden" für viele Betroffene kein Fremder (Chang, 2017). Stattdessen ist es wichtig für Gamedesigner*innen wie auch für Spieler*innen, sich der Komplexität der Queerness bewusst zu werden. Ist der queere Charakter eingebunden in eine Welt, in der Queerness existiert? Wie wird sie dort dargestellt, behandelt und verhandelt? Welche Geschichte erlebt der Charakter auch aufgrund seiner Queerness? Vielleicht ist es ähnlich wie zu unserer Realität und der Charakter erlebt Ausgrenzung, Diskriminierung und Struggles. Vielleicht gibt es all das in der Fiktion nicht. Denn wird all dieser Umfang vergessen beim Erstellen des queeren Charakters, dann bleibt es nur eine lieblose Eigenschaft. Oder wie die Gamedesignerin Anna Anthropy (Entwicklerin *dys4ia*) schrieb:

> „In this world, gay is a checkbox on a character sheet, a boolean, a binary bit, not an experience that greatly changes one's life, identity and struggle." (Chang, 2017)

Dann wird die Repräsentation als Charakter, als Option in der Charaktererstellung, als Möglichkeit zur Kleiderwahl und als Erweiterung der ingame Handlungsoptionen zu einer empathischen Diversifizierung. Ein Medium wie Videospiele, das sich auch als kunstvolles und narratives Medium versteht, gewinnt dadurch an Geschichten und Perspektiven. Mit Rückblick auf vorangegangene Kapitel ist noch einmal festzuhalten, dass aus eben diesem Grund nicht jede Repräsentation gleich gut ist. Stereotype Repräsentation bringt die betroffene Minderheit nicht weiter. Eine Eindimensionalität des Charakters auch nicht:

Ist der queere Charakter auch ohne seine Eigenschaft der Queerness, für die Geschichte, die fiktive Welt und andere Charaktere relevant? Im Falle von Eindimensionalität und Stereotypisierung würde ich persönlich vielmehr sagen, dass keine Repräsentation mir erstmal lieber ist.

5

ins Videospiel!

Wie kann Repräsentation in Videospielen denn nun konkret betrachtet werden? Kap. 5 widmet sich jetzt der Charakteranalysen im Videospiel und zeigt anhand von sechs Spielen der Jahre 1990–2019, wie Queerness von Charakteren in Videospielen stattfindet. Hat sich diese Darstellung im Laufe der Jahrzehnte verändert? Verbessert, verschlechtert?

5.1 Charakteranalysen im Videospiel

Das eigentliche Herzstück der dem Text zugrunde liegenden Abschlussarbeit sind die Charakteranalysen. Wer die Lektüre bis hierhin geschafft hat, hat hoffentlich ein wenig mehr Wissen über Videospiele als Medium und die Rolle von Repräsentation erworben. Im Text kam dabei auch die Frage auf, ob die Repräsentation sich eigentlich verändert hat und falls ja, ob dies nur quantitativ (also in bloßen Zahlen) oder auch qualitativ geschah. Das bereits erwähnt *LGBTQ Video Game Archive* (Shaw, 2017) kann bereits als Überblick über die Quantität dienen. Die Auflistung queerer Inhalte in Games ist dort vermutlich nicht erschöpfend und vollständig, dennoch zeigt sich der Trend: mehr queere Inhalte in Videogames! Im vorigen Kapitel sprach ich aber bereits an, dass uns mehr schlechte Repräsentation auch nicht unbedingt weiterbringt. Um diese Frage nach der Entwicklung zu betrachten oder gar zu beantworten, ist ein Blick in die Vergangenheit notwendig. Dieses Kapitel wird aus den Jahrzehnten 1990er, 2000er und 2010er jeweils zwei Spiele mit je einem queeren Charakter betrachten. Vielleicht kann hiermit die Frage geklärt werden, ob auch die Qualität der Repräsentation steigt. Zumindest, um einen der vielen Aspekte queerer Repräsentation aus dem *LGBTQ Video Game Archive* aufzugreifen (vgl. Abschn. 1.2).

Wer Charakteranalysen aus Schule oder Studium noch kennt, der weiß, dass es kein eindeutiges und einfaches Feld ist. In der Medienwissenschaft greifen wir hierbei vor allem auf die Analyse fiktiver Charaktere nach Eder, Jannidis oder Schneider zurück (Schröter & Thon, 2014). Was sich hinter deren hermeneutischen, psychoanalytischen oder strukturalistisch-semiotischen Ansätzen verbirgt, sei hier einmal ausgeklammert. Denn in Abschn. 4.1 sprachen wir bereits an, dass Videospiele im Vergleich zu einem Film oder auch einem Buch nicht für jede Person gleich rezipiert werden. Weil sie nicht einfach unabhängig von Konsument*innen ablaufen, sondern vom Input leben. Betrachte ich in einem Buch oder einem Film einen Charakter, so lese und analysiere ich ihn entweder als eine von mir unabhängige und selbsthandelnde – ich käme beim Lesen von Herr der Ringe ja nicht auf die Idee, zu denken, *ich sei Frodo*. Oder ich sehe ihn als deskriptives Produkt der Produzent*innen. J. R. R. Tolkien hat Gandalf so und so beschrieben. Dann stellt sich womöglich die klassische Frage: Was hat sich der Künstler dabei gedacht?

Der Videospielcharakter hingegen (nachfolgend als VGC – *video game character* abgekürzt) bricht aus dieser vorgeschriebenen Rolle aus. Er kommt an all die Stellen, an die ich ihn steuere. Er handelt so, wie ich es möchte und hat Eigenschaften, die ich auswähle. In Gothic 1 zum Feuermagier zu werden ist meine Entscheidung, nicht die des namenlosen Helden. Es stellt sich also nicht die Frage nach einer Analyse seiner Motivation dahinter, sondern meiner. Die Videospielfigur wird also eher zu meinem verlängerten Arm in der Fiktion oder eben zur ‚ludischen Funktionsstelle des performativen Handlungsgeschehens' (Schröter, 2018). Aber gleichsam eben auch zu einer Art Erzählfigur, schließlich ist es – zumindest in Spielen, in denen wir die Rolle einer Spielfigur einnehmen – auch deren Perspektive. Aus ihren Augen (oder über ihre Schulter, wenn wir in der Third-Person-Perspektive spielen) erleben wir die Welt und andere Nicht-Spieler-Charaktere (NPCs). All diese Charaktere stehen uns dann gegenüber, mit ihren Aussagen, ihrem Aussehen, ihren Gefühlen. Im Vergleich zu einem Buch tun sie das aber nicht eindeutig und festgeschrieben, sondern im Rahmen der offen gehaltenen Möglichkeiten. Damit ist gemeint, dass sowohl die PCs (*player character*) als auch die NPCs vordefinierte Funktionen und Handlungs(un)möglichkeiten haben. So kann ein Begleiter in *Jade Empire* meine romantischen Avancen ablehnen oder nicht, aber nicht einfach im nächstbesten Kampf von einer Klippe springen und sterben.

Jetzt, wo wir wissen, dass (N)PCs in Videospielen ganz schön komplex zu betrachten sind, müssen wir auch noch deren verschiedene Repräsentationssetting betrachten (Lankoski, 2010). Wir sprachen hier bisher primär über die klassischen in-game Settings, in denen ich als Spieler*in den Charakter steuern kann oder mit den

NPCs interagiere. Aber wir dürfen nicht all die Szenen vergessen, die (fast ganz) außerhalb meines Einflusses sind: Cut-Scenes und scripted-sequences. Diese sind fast schon wieder filmisch. Außer bei diversen Teilen der *Tomb Raider* Reihe, wenn ich in quick-time-events rechtzeitig einen Knopf drücken muss. Oder in *Mass Effect,* wenn ich die Wahl zwischen Gute und Böse treffen muss. Natürlich treffe ich immer gute Entscheidungen; Paragon for life!

Davon abgesehen sind die Spieler*innen in einem gewissen Rahmen frei, mit sich, der Welt und den Charakteren umzugehen. Im Rahmen der Spielmechanik, der Spielregeln usw. Das wird angeführt, um aufzuzeigen, dass eine Charakteranalyse in Videospielen oft nicht linear stattfinden kann. Frodos Entwicklung in *Lord of the Rings* ist ziemlich eindeutig, beginnt im Auenland und endet quasi im Vulkan. Egal, wer den Film sieht. Aber die Charakterentwicklung von Geralt in *The Witcher 3?* Davon abhängig, wer ihn wie spielt und welche Dialoge gewählt werden. Das macht aus einem Handlungs- und Entwicklungslinie eher einen Handlungsbaum (Schröter, 2018). Somit muss der Blick auf einen Charakter nicht nur der auf seine narrative Funktion – also eine Rolle als Element der – sein, sondern auch auf eine luditive Funktion: Welche Rolle nimmt der Charakter, so wie er ist, als spielerisches Element ein. Zu guter Letzt beschreiben Schröter & Thon (2014) in ihrer Videospielcharakteranalyse als dritten Aspekt den kommunikativen Modus. Dies soll den Spielcharakter und auch NPCs als Individuen im Rahmen sozialer Interaktionen in dem sozialen Umfeld des Spiels betrachten. Also ein ins Spiel eintauchender Gedanke, frei nach der Idee, dass die Spielwelt jetzt mein reales Umfeld wäre und der zu betrachtende Charakter in meinem Umfeld lebt.

Diese drei Funktionen stellen die drei Facetten dar, die nachfolgend exemplarisch an queeren Charakteren betrachtet werden. Den Ebenen geht eine kurze Beschreibung des Spiels sowie eine Vorstellung des Charakters als Person und im Spielverlauf voraus:

- Ebene der Narration: Der Charakter ist ein fiktives Individuum im Gesamtrahmen der Geschichte
- Ebene der Simulation: Der Charakter ist ein Set von Funktionen innerhalb der Spielmechanik
- Ebene der Kommunikation: Der Charakter ist eine Repräsentation eines sozialen Wesens innerhalb der fiktiven sozialen Welt des Videospiels

Um der Frage nachzugehen, ob sich neben der Quantität der queeren Repräsentation auch die Qualität im Laufe der Jahrzehnte verbessert hat, werden nachfolgend einzelne Charaktere betrachtet. Es handelt sich bei den einbezogenen Spielen um Action-Rollenspiele, bei denen wir als Spieler*in in die Rolle einer Person schlüpfen und mit dieser durch die Welt navigieren. Auch wurden bewusst AAA-Titel oder anderweitig verkaufsstarke und erfolgreiche Spiele ausgesucht. Bei diesen können wir von einer größeren und breiteren Masse an Konsument*innenaussehen Das Spiel landet dann also nicht nur in einer voraussichtlich heterogenen Gruppe, sondern hat hinsichtlich der Repräsentation auch eine größere Einflussnahme auf die Spieler*innen, die ein unbekanntes Indie-Game nicht erreichen würde.

5.2 Ultima VII Part Two: Serpent Isles (1993)

Im Jahr 1993 treffen wir als erstes Beispiel für einen queeren Charakter auf das von Origin Systems entwickelte Spiel *Ultima VII Part Two: Serpent Isles.* Nach Part One stranden wir – also der Spielercharakter (PC) – auf der Schlangeninsel. Die Gefährten und wir müssen jedoch feststellen, dass der für das Stranden verantwortliche magische Sturm auch all unsere Ausrüstung verschwinden ließ. Der Spielverlauf ist davon geprägt, dass wir die Insel erkunden und die verschwundene Ausrüstung wiederfinden müssen. Dabei wird auch die Stadt *Moonshade* entdeckt und betreten, die uns dann auch schon zu dem queeren Charakter führt: die Magierin *Frigidazzi*. Zuerst einmal ein kurzer Einblick in die Geschichte und Umstände des Aufeinandertreffens.

Der PC trifft die Zauberin zuerst auf einem großen Bankett, das von dem Magierkönig *Filbercio* arrangiert wird. Dabei fällt auf, dass die Magierin unseren Hut trägt! Grund genug, sie später im Haus ihres Herren *Filbercio* noch einmal zu besuchen und den Fellhut, den uns der Sturm geklaut hat, zurückzutauschen. Durch diesen Kontakt miteinander kommt es dazu, dass sie uns in einem späteren Aufeinandertreffen das Angebot macht, uns magische Zaubersprüche zu lehren. Eben jenes Angebot gilt nur für den Spielercharakter, weshalb *Frigidazzi* uns das Wegschicken unserer Gefährten empfiehlt. In magischer Zweisamkeit erlernen wir nun also ein wenig des Hokuspokus. Kaum ist dieser Unterricht jedoch zu Ende, verläuft die weitere Kommunikation vonseiten der Magierin in eine flirtende Richtung. Sie lädt ein, den nahestehenden Pool gemeinsam zu nutzen. Und das nicht sich ohne im nächsten Atemzug danach zu erkundigen, ob wir sie küssen wollen. Wir werden gefragt, ob wir ihren Körper begehren (s. Abb. 5.1). Das mit dem Konsens klappt schonmal! Auf diese Frage können Spieler*innen positiv wie negativ antworten. Unabhängig vom Geschlecht des erstellten PC. Im Anschluss an diesen Flirtversuch und unabhängig von dessen Ausgang betritt Magierkönig

Abb. 5.1 Die Zauberein Frigidazzi steht mit dem Spielercharakter in ihren Gemächern und macht ihm sexuelle Avancen. Es steht den Spieler*innen frei, sich darüer oder dagegen zu entscheiden. (Origin Systems, 1993)

Filbercio den Raum. Von der Anwesenheit des PC nicht sehr begeistert, teleportiert er uns wütend weg und wir landen vor einem Magierkonsil. Hier werden wir verurteilt und verbringen die nächste Zeit im Gefängnis. Hierbei spielt Frigidazzi noch einmal eine Rolle, indem sie dem Waldläufer *Shimano* einige Gegenstände für uns mitgibt und diese ins Gefängnis schmuggeln lässt. Das Letzte, was wir so direkt von ihr mitbekommen. Später erfahren wir, dass sie durch eine Verzauberung den Tod fand. Und das war auch schon alles in ihrer Rolle.

Je nach Geschlecht ihres Gegenübers kann Frigidazzi folglich als homo-, hetero- oder bisexuell interpretiert werden. Diese Interpretation ist dahingehend sehr offen, weil sonst keinerlei weitere Informationen über andere Romanzen der Magierin bekannt sind. Wir wissen jedoch, dass jede*r Spieler*in die Möglichkeit hat, sie zu küssen. Inklusive Zeit im Pool. Wie kann das nun jedoch betrachtet und interpretiert werden, im Kontext der zuvor nach Schröter und Thon angeführten drei Ebenen?

Betrachten wir die **Ebene der Narration,** dann nimmt die Magierin eine eher kleinere Rolle ein. Eben nur genau die Rolle, die oben schon zusammengefasst wurde: das erste Zusammentreffen, der Hut-Tausch, die Lehrstunde inklusive Flirten und schlussendlich ihr Anteil an unserer Inhaftierung. Dabei gibt es im Kontakt mit dem PC neben der einen Gelegenheit des Kusses auch keinerlei weitere Narration dazu, ob und inwiefern sie an uns interessiert ist und auch die Spieler*innen lernen nichts weiter über sie kennen, um ein eigenes Interesse an ihr zu entwickeln. Ein bisschen wie ein betrunkener Kuss auf einer Party, nach der man die Person nie wieder sieht.

Die **Ebene der Simulation,** also ihre Funktion in der Erzählung, ist auch nicht viel umfangreicher. Wir brauchen sie, um einen unserer Ausrüstungsgegenstände (den Hut!) zurückzutauschen und später ist sie der auslösende Faktor für die Inhaftierung. Mehr Funktion im Spiel bringt die Magierin nicht mit.

Was die **Ebene der Kommunikation** angeht, scheint Frigidazzi eine wichtige Person in der Stadt zu sein. Nicht nur, dass sie im pompösen Haus des Magierkönigs Filbercio wohnt, sondern auch eine eigene Goblin-Bedienstete beschäftigt. Was sie jedoch in der Stadt noch so treibt, außer eine Magierin zu sein oder wie die Menschen über sie denken und fühlen, das ist unklar. Wir kennen nur ihre Zusammenarbeit mit dem Magierkönig.

Es gibt im Vorfeld an den Kuss auch keinerlei explizite oder implizite Anzeichen, dass Frigidazzi unter irgendwelchen Umständen überhaupt homo- oder bisexuell sein könnte. Auch im Anschluss an einen stattgefundenen Kuss gibt es hier keinerlei Erwähnung. Es landet einfach passiv unter dem fiktiven Teppich. Es ist fraglich, ob ihr überhaupt eine Sexualität zugeschrieben werden kann und der

Umstand, dass sie auch einen weiblichen Playercharacter küsst, wirkt oberflächlich eher wie ein notwendiger Umstand. Notwendig, um im Verlauf der Geschichte die Inhaftierung des PC einzuleiten. Genauso unklar ist, ob der vermeintlich homosexuelle Kuss überhaupt eine Absicht der Entwickler*innen war: im Designprozess könnte ursprünglich von einem männlichen Charakter ausgegangen werden und darauf aufbauend der Kuss als Handlungsoption eingebaut worden sein. Vielleicht wurde der Kuss als Option aus dem Verlauf mit weiblichem Charakter einfach vergessen auszubauen.

So oder so hat das Spiel es ins *LGBTQ Video Game Archive* geschafft und einen Kuss zwischen zwei Frauen im Videospiel zu zeigen, ist für das 1993 auch ein erwähnenswerter Umstand. Es fehlt zwar an Tiefgang, was den Charakter selbst oder die Queerness angeht, aber ein 'queeres Gimmick' kann man das Ganze durchaus nennen.

5.3 Fallout 2 (1998)

Fünf Jahre später kommt der von Black Isle Studios entwickelte zweite Teil ‚*Fallout 2'* auf den Markt. Ein klassisches post-apokalyptisches Action-Rollenspiel, das 80 Jahre nach dem ersten Teil spielt. In einer Top-Down-Perspektive bewegt sich der*die Spieler*in durch die 'Wastelands', wie die post-nukleare Welt im Fallout-Universum genannt wird.

Wir landen als der selbsterstellte Spielercharakter im Jahr 2241. Unser Heimatdorf Arroyo wurde von einer Dürre heimgesucht. Die Lösung hierfür liegt in einem „Garten-Eden-Erstellungs-Kit", das wir besorgen müssen. Nur damit ist es möglich, aus dem Dorf und dem dürren Ödland wieder eine fruchtbare Oase zu verwandeln. Als der*die Spieler*in jedoch wieder zurückkommt, wurde das

Dorf unlängst von einer Gruppierung namens ‚Enklave' versklavt. Selbstverständlich müssen wir das Dorf wieder befreien – als Held.

Diese ganzen Aufgaben führen uns durch zahlreiche Gegenden, andere Ortschaften und wir begegnen dabei einer großen Anzahl von NPCs. Manche lernen wir etwas tiefer kennen, andere sind nur unauffällige Deko. Ebenfalls möglich ist es, zu heiraten. Und das nicht nur zwischen Mann und Frau. Das *LGBTQ Video Game Archive* führt Fallout 2 mit vielzählig sexuell-romantischen Beziehungen, die zwischen Männern und auch zwischen Frauen stattfinden können. Nichtbinärität gibt es zumindest offiziell im Spiel nicht. Inmitten dieser Auflistung queerer Spielinhalte finden sich ein Charakter, auf den ich hier weiter eingehen möchte: Leslie Anne Bishop.

Wir treffen sie in der Ortschaft New Reno im Shark Club. Dort lebt sie in einem der vielen Zimmer des Clubs (s. Abb. 5.2). Als Ehefrau des einflussreichen John Bishop – Kopf und Patriarch der Bishop-Familie – hat sie leider nicht viel zu sagen. Das Spiel und auch das Fallout-Wiki beschreiben die Ehe als unglücklich und lieblos, sie selbst erkennt und beschreibt ihre Rolle als ‚trophy wife'. Sie verabscheut New Reno und seine Bewohner und hofft inständig auf den baldigen Tod ihres Ehemanns. Dieser sei dann „mit viel Champagner zu feiern". Doch warum landet diese unglückliche Ehefrau im *LGBTQ Video Game Archive?*

Im Rahmen der Quest 'Learn about vault city and education from Mrs. Bishop' findet im Club ein Gespräch mit Miss Bishop statt. Zum Ende dieses Gesprächs zeigt Leslie Interesse am Spielercharakter und bittet ihn – sofern er über 6 Stärke oder Charisma – für einen Drink auf ihr Zimmer. Wir alle kennen diese Frage aus zahlreichen Filmen. Im Zimmer angekommen ist es den Spieler*innen möglich, mit ihr der sexuellen Vereinigung zu frönen. Dies ermöglicht im Anschluss an den Sexakt eine Vielzahl

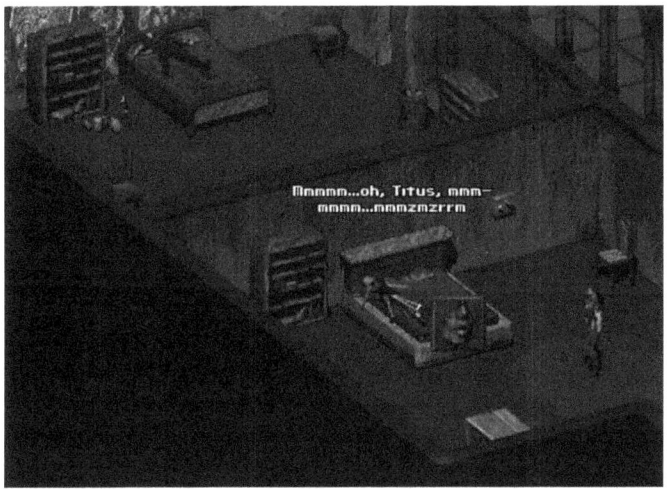

Abb. 5.2 Leslie Anne Bishop liegt auf dem Bett in ihrem Raum im Shark Club(Black Isle Studios, 1998)

weiterer Gesprächsoptionen, die mehr relevante Informationen bereithalten können. Und genau diese sexuelle Interaktion und bereits das vorangegangene Interesse von Miss Bishop an den Spieler*innen, ist unabhängig vom Geschlecht. Deshalb schauen wir uns Leslie Anne Bishop also an!

Auf der **narrativen Ebene** haben wir ja schon einiges über sie erfahren. Den Spieler*innen werden mehr Informationen über die schreckliche Ehe mitgeteilt sowie ein Blick in die Biografie von Bishop. Die Kombination aus beidem macht sie nicht gerade zu einer glücklichen Person und so fristet sie ihr Dasein in der Stadt und umgeht ihre unangenehmen Gefühle mit Alkohol, Drogen und Sex. Dabei gibt es in der Narration jedoch keinerlei Hinweise auf irgendwelche queeren Vergangenheiten, Gedanken oder Gefühle in Leslie. Ihre Bisexualität scheint kein auffälliger oder erwähnenswerter Teil ihrer Person zu sein.

Bis auf ihren Mann und ihre heterosexuelle Ehe werden keine anderen Menschen erwähnt, die in ihrem Leben eine Rolle zu spielen scheinen. Der optionale Sex mit dem PC ist der einzige Moment in der Geschichte Bishops, der sich als queer interpretieren lässt. Zumindest, wenn der Spielercharakter weiblichen Geschlechts ist.

Auf der **simulativen Ebene** spielt Bishop mit insgesamt drei Quests eine präsente, aber keine riesige Rolle. Die Quests sind mit längeren Interaktionen und Gesprächen verknüpft, die auch einige Entscheidungen für Spieler*innen mit sich bringen. Denn nicht nur der Sex mit Bishop ist eine Option, sondern auch ein Questverlauf, bei dem ihr Mann, John Bishop, stirbt. Die vermeintliche Bisexualität im Falle des Geschlechtsverkehrs mit einem weiblichen PC erfüllt bis auf diese eine Szene keine Funktion. Mehr als Questgeberin gibt Miss Bishop am Ende aber auch nicht her. Anders als im Fall *Frigidazzis* (s. Abschn. 5.2 kann hier jedoch nicht von einer versehentlich programmierten Bisexualität ausgegangen werden, da es im Vergleich dazu einige klar heterosexuelle Charaktere gibt. Die Entwickler*innen waren sich also bewusst, wann und wo sie eine gleichgeschlechtliche Interaktion zulassen wollen.

Betrachten wir die **kommunikative Ebene,** dann wird das klar, was bereits erörtert wurde. Sie fühlt sich isoliert und einsam in einer Stadt, die sie mit all ihren Bewohnern hasst. Als attraktive Frau mittleren Alters und mit guter Bildung hatte sie sich mehr von ihrem Leben erhofft, doch nach der Hochzeit ging ihr Leben in eine unglückliche Richtung weiter. Eine wirklich aktive Rolle im Gefüge der Stadt spielt sie dabei nicht – sie ist und bleibt John Bishops Vorzeigefrau.

Die „Queerness" von Leslie Anne Bishop findet sich nur in der gleichgeschlechtlichen Interaktion mit dem PC wieder. Dies ist auch bei weiteren queeren Charakteren der Fall: Miss Kitty sowie des Schlachter Grishams Kinder, Gavin und Miria. All deren Sexualitäten haben jedoch etwas gemeinsam: Sie tritt nur als ‚queer' auf, wenn der Spielercharakter dasselbe Geschlecht einnimmt und die Spieler*innen die Interaktionen ausüben, die zum sexuellromantischen Kontakt führen. Darüber hinaus ist das gleichgeschlechtliche Interesse der Charaktere nie Thema, es stellt keine tiefgründige Repräsentation dar. Stattdessen ist es eine Variable, die verändert wird, bei der Frage, ob gleichgeschlechtliche Interaktion möglich ist. Dennoch zeigen ingame Quellen wie Bücher, dass Homosexualität/Bisexualität in den Wastelands keine Seltenheit ist. Es wird also thematisiert, wenn auch – wie von Caesars Legion – als Abartigkeit oder als ungünstiges Sexualverhalten: Die Welt ist in einem postapokalyptischen Zustand und es herrscht Bevölkerungsknappheit. Reproduktive Sexualpraktiken werden normativ bevorzugt.

Immerhin ist queere Sexualität schon bei vier Charakteren eine Möglichkeit und wird auch schriftlich erwähnt.

5.4 Jade Empire (2005)

In den 2000ern angekommen, nehmen wir uns jetzt einmal das 2005 von BioWare entwickelte Spiel *Jade Empire* vor. Die Spielwelt ist ein mittelalterlich anmutendes China und die Spieler*innen werden mit Fantasy- und Steampunk-Elementen konfrontiert. Mit einem von 6 Charakteren geht es dann in der Third-Person-Perspektive durch eine lineare Handlung. Wir beginnen in einem kleinen Dorf als Schüler*in des Kampfkunstmeisters Li, dessen Schule zentrales Element des Dorfes ist. Eines Tages wird das Dorf angegriffen und Meister Li entführt: Da können wir nicht anders, als uns auf die Suche nach ihm zu machen.

Auf dieser Reise begegnen wir zahlreichen NPCs in verschiedenen Ortschaften und lernen auch eine Handvoll Begleiter*innen kennen. Diese folgen und begleiten uns auf der Reise und können an unserer Seite kämpfen. Einer der insgesamt 12 möglichen Begleiter ist ‚Weiter Himmel.'.

Eines Tages treffen wir ihn in einer Ortschaft namens *Tiens Anleger*. Durch Zufall landen wir auf derselben kleinen Insel in der Nähe, auf der die von Gao dem Großen geführten Sklavenhändler ihre Unterkunft eingerichtet haben. Nachdem wir aus eigener Motivation Gao getötet haben, schließt sich *Weiter Himmel* der Gruppe an. Es ergibt sich, dass wir seine Geschichte besser kennenlernen. Als Wandersmann trieb er sich jahrelang überall im Königreich herum, bis er eines Tages seine Frau kennenlernte und sie als Paar durch das Land reisten. Kurz nach der Hochzeit kam es zu einer Schwangerschaft und unglückliche Umstände führten bei der Geburt zu ihrem Tod. Seine Tochter war nun alles, was *Weiter Himmel* noch hatte und liebte. Zumindest, bis diese von den Sklavenhändlern entführt wurde. Grund genug für ihn, sich an Gao dem Großen zu rächen und ihn töten zu wollen. Also das, was wir für ihn bereits erledigt haben. Welch Überraschung im Kontext dieses Buches, dass *Weiter Himmel* für männliche Spielercharaktere eine mögliche Romanze darstellt. Diese ist jedoch nicht allzu leicht zu erreichen, wie auch der Eintrag im spieleigenen Wiki beschreibt: ‚the most difficult romance to acquire'. Das hat nichts mit der Sexualität zu tun, sondern auch einfach mit dem Prinzip der Romanzen in Jade Empire: So müssen nämlich regelmäßig Gespräche mit den Charakteren stattfinden und hierbei auch jeweils die richtigen Antworten gewählt werden. Bereits eine ‚falsche Antwort' in einer Interaktion kann den weiteren Weg zur Romanze verbauen. Schon im sehr frühen Spielverlauf muss der PC nämlich nicht ihm gegenüber zugewandt agieren, sondern in entsprechenden Gesprächen mit den Gefährtinnen *Seidenfuchs* und *Morgenstern* das romantische Desinteresse diesen gegenüber äußern. Das führt dann zu einer Szene mit *Weiter Himmel*. Dieser fragt nämlich non-chalant direkt nach, wieso der Spieler (hier bewusst männlich) die beiden Frauen ablehnt. Die korrekte Antwort darauf lautet dann ‚deinetwegen'. Wie romantisch! Im weiteren Spielverlauf gibt es dann ein paar Interaktionen zwischen den beiden, die sich auf diese Romanze beziehen. Erwähnenswert auch eine Szene im verlassenen Geisterkloster an einer späteren Stelle im Spiel. In der Nacht vor der erwarteten Belagerung kann der PC eine zweisame Minute mit *Weiter Himmel* verbringen. Im Laufe dieses Gesprächs ergibt sich die Gelegenheit zu einem Kuss zwischen dem männlichen PC und seinem Begleiter. „Du lässt mir keine Wahl, Weiter Himmel. Ich werde dich jetzt küssen müssen." steht als Gesprächsoption zur Verfügung. Danach folgt eine schwarze Blende und die Szene ist vorbei. Dieselbe schwarze Blende beendet übrigens auch jeden Kuss zwischen einem weiblichen PC und Begleiterinnen. Küsse zwischen Mann und Frau werden jedoch ganz normal gezeigt. Nur so als kurzer Querverweis (Abb. 5.3).

Betrachten wir diese Aspekte auf der **narrativen Ebene,** dann wird klar, dass die Sexualität keine Rolle spielt. Aufgrund seiner Hintergrundgeschichte kann er nach der Romanze mit dem PC zumindest als bisexuell interpretiert – hatte er doch Frau und Kind. Doch wer nicht als männlicher PC spielt und nicht die richtigen Gesprächsoptionen wählt, der wird von dieser Sexualität nie etwas erfahren. Es ist eine situative entweder/oder Entscheidung, nicht nur für oder gegen die Romanze, sondern auch für und gegen die Sexualität. Ein Beispiel für eine unflexible Binarität zwischen Erzähl- und Spielweise (Chang, 2017). Im Falle einer ‚erfolgreichen' Romanze mit *Weiter Himmel* erfährt

Abb. 5.3 Weiter Himmel und ein hier weiblicher Spielercharakter in einer Cut-Scene (BioWare, 2005)

der Spieler erst zum Ende des Spiels tatsächlich mehr darüber, die es mit den beiden weitergeht. Denn je nach Entscheidung zum Spielende (Wasserdrachen töten ja/nein) wird aus der Romanze entweder eine lose, freundschaftliche Verbindung oder ein gemeinsames Herrschen über das Kaiserreich. Mehr passiert narrativ nicht, außer einer Erwähnung *Weiter Himmels* im Abspann des Spiels.

Auf der **simulativen Ebene** erfüllt die Romanze selbst keinerlei Funktion. Das Spielerlebnis als solches bleibt – wie bei allen anderen Romanzen. Dies bedeutet auch, dass das Spiel mit oder ohne Romanzen dasselbe ist. *Weiter Himmel* selbst nimmt auf dieser Ebene wie jeder andere Begleite eben genau diese Rolle ein: Die Rolle des Begleiters. Er kann die Spieler*innen direkt begleiten und im Kampf unterstützen oder im Camp verbleiben.

Die **kommunikative Ebene** zeigt einen Charakter, der für die Charaktere im Spiel einen von Rache motivierten Vater und Ehemann darstellt. Andere Gesprächsmomente ergeben sich zwischen ihm und anderen Charakteren im Spiel nur oberflächlich. Stattdessen ist er ein stiller Gefährte. Dass er – im Falle eines männlichen PC nach den richtigen Entscheidungen – bisexuell ist, wird nicht thematisiert. Es fällt niemandem auf und spielt keine Rolle für die Menschen in seinem Umfeld.

Neben *Weiter Himmel* steht auch *Seidenfuchs* als Begleitung zur Verfügung, die ebenso im Spielverlauf zu einer ‚love interest' werden kann. Die Rolle dieser romantischen Beziehung zu einem weiblichen PC lassen sich analog zur Romanze mit *Weiter Himmel* betrachten. Beide haben gemeinsam, dass sie simulativ und kommunikativ bedeutungslos sind. „…Pursuing a romance is completely optional and has no impact on gameplay …" beschreibt das Wiki die Romanzen im Spiel. Ganz gleich, welche Beziehung eingegangen wird, ändert sich am Spielverlauf oder am Spielende nichts. Sie erfüllen keine Funktion. Kommunikativ thematisiert werden sie auch nur in den jeweiligen Szenen zwischen Begleiter*in und PC. Wir können davon ausgehen, dass zumindest kommunikativ die anderen Charaktere etwas davon mitbekommen, aber dies wiederum bekommen wir nicht mit. Narrativ gewinnen wir bei Romanzen nur ein paar zusätzliche Dialogzeilen, einige Cutscenes und unterschiedliche Erzählungen zum Epilog. Außerhalb dessen gibt es keine romantischen Annäherungen, keinen flirty Smalltalk, keine sichtbare Nähe zwischen den Charakteren. Die Romanzen im Spiel – gleichgeschlechtlich oder nicht – können als oberflächlich und unflexibel-linear beschrieben werden.

5.5 Assassin's Creed 1 (2007)

Zwei Jahre später, 2007, kommt mit Assassin's Creed der erste von Ubisoft entwickelte Teil der Reihe raus. Der Erfolg der Spielereihe (wir reden mittlerweile über Assassin's Creed Shadows als 13. Teil der Serie) ist denke ich hinläufig bekannt. Teil 1 beginnt für die Spieler*innen im Jahr

2012. Als Barkeeper Desmond Miles werden wir von den Templern – bzw. deren modernen Ableger Abstergo Industries – entführt. Diese Organisation verfügt über eine Maschine namens Animus, die den Menschen das Nachleben von Erinnerungen genetischer Vorfahren ermöglicht. Abstergo ist unter der Leitung von Prof. Warren Vidic nämlich auf der Jagd nach den Teilen des Edensplitters. Und unser Charakter Desmond ist als Nachfahre relevanter Figuren prädestiniert dafür, bei dieser Jagd zu helfen. So zwingt man uns in die Maschine und die Spieler*innen werden dadurch ins Jahr 1191 zurückkatapultiert. In Kanaan, der im Altertum so benannten Region, u. a. im heutigen Gebiet des Staates Palästina, nehmen wir die Rolle von Altaïr Ibn-La'Ahad ein. Dieser ist Teil der Assassinen und ist mitunter für Auftragsmorde an Templern zuständig. Diese sind die Hauptaufgaben der Spieler*innen, während sich drumherum die Geschichte des Spiels entfaltet und wir immer mehr darüber erfahren. Einer dieser Aufträge führt uns in die Stadt Damaskus. Wir sind damit beauftragt, den Händlerkönig und Templer Abu'l Nuqoud zu töten. Ein solcher Auftrag läuft eigentlich fast immer gleich ab: Erst wird das Ziel beobachtet, um Informationen über das Ziel, den Tagesablauf usw. zu sammeln. So stellt sich beim Sammeln ebendieser Informationen heraus, dass Abu'l eine große Feier in seinem Haus plant. Ein sehr günstiger Zeitpunkt für einen Mord, beschließt unser Charakter. Wobei sich mir nicht ganz erschließt, wieso eine Party mit hunderten von Gästen und möglichen Zeugen wirklich günstig ist.

Während wir unser Ziel also während der Party beobachten und auf einen günstigen Augenblick warten, lauschen wir auch seinen Worten. Auf seinem Balkon stehend, blickt er über seine Gäste und spricht zu ihnen. Wie es sich für einen „guten" Gastgeber gehört, kritisiert er sie für ihren Hass und ihre Heuchelei im Rahmen des

Feldzugs des Saladins. Es stellt sich heraus, dass er all seine Gäste über den Wein vergiftet hat. Gäste, die die Flucht versuchen, werden von seinen Wachmännern getötet. Insgesamt keine sehr gute Party und da werden wohl nur wenige Abu'l als Gastgeber weiterempfehlen. Für uns als Assassine ist das jedoch günstig, um in der aufkommenden Panik den Moment zu nutzen und Abu'l zu töten.

Warum ist Abu'l denn jetzt aber überhaupt in diesem Buch gelandet? Das hat mit dem Attentat bzw. den letzten Momenten vor seinem Tod zu tun. Mit unserer Klinge in seiner Brust findet ein letzter Blickkontakt und ein eher einseitiges Gespräch statt. Der nun langsam sterbende Abu'l offenbart uns, wieso er sich als nicht christlicher Ortsansässiger den Templern überhaupt angeschlossen hat. Schließlich sind diese – wir erinnern uns an die – keine großen Fans der Einwohner Damaskus' und ihrer eigentlichen Religion. Er gesteht uns, dass er keinen „Krieg führen könne für einen Gott, der ihn für eine Abscheulichkeit hält". Ebenso weiß er, dass sein prunkvoller und teurer Lebensstil auch den Regeln seines Gottes widerspricht. Er sieht und fühlt sich offenbar als Feindbild muslimischen Glaubens. Zusammen mit zuvor ebenfalls überhörten Gesprächen, in denen er den „Hass der Leute für sein Anderssein" anspricht, wird uns wie auch dem *LGBTQ Video Game Archive* klar, dass es starke Andeutungen für Homosexualität sind. Auch, weil sich den aufmerksamen Spieler*innen körperliche Annäherungen zwischen Abu'l und männlichen Wachen ergeben und der exzentrische und auffällige Lebensstil auch einer sehr stereotypen Darstellung schwuler Sexualität gleicht (Abb. 5.4).

Betrachten wir auch hier die **narrative Ebene** des Charakters, dann spielt er nur einmalig die kleine Rolle eines von vielen Assassinationszielen. Die leidvolle Erfahrung Abu'ls durch die Ablehnung des Volkes wird nur den aufmerksamen Spieler*innen bewusst. Gleichsam machen

Abb. 5.4 Abdu'l Nuqoud steht auf dem Balkon seines Palastes und blickt über sein Volk bzw. auf sein Volk herab. Er hält seine Rede. Die letzte Rede, die das Volk hören wird. (Ubisoft Montreal, 2007)

überhörte Dialoge auch klar, dass er auch aufgrund seiner Gewalttätigkeit und seines Sadismus abgelehnt und gehasst wird. Die Toten auf der Party waren nicht die ersten Bürger*innen, die er zum eigenen Vergnügen umbringen ließ. Er wird uns in der Erzählung also einerseits als gnadenloser Sadist und gewalttätiger Herrscher nahegebracht, aber gleichermaßen auch als vom eigenen Glauben und Volk ausgegrenzten und verletzten Menschen. Ob es sich bei ihm nun um eine irgendwie queere Person handelt, wird nicht ganz geklärt. Wir erfahren nur, dass es irgendeinen Grund für das Gefühl der Ausgrenzung gibt und dies seinen Hass und seine Gewalt motiviert.

Simulativ erfüllt er genau eine Funktion: eines von mehreren Attentatszielen. Das Spiel lässt uns keine Möglichkeiten, ihn nicht zu töten oder irgendwie anders mit ihm in Interaktion zu treten als durch das Attentat.

In der Spielwelt selbst, also auf **kommunikativer Ebene,** ist er vor allem der sadistische und unliebsame Herrscher der Stadt. Er wird gehasst und gefürchtet zugleich. Selbstverschuldet, wie wir überhörten Gesprächen entnehmen, da er seinen Hass an seinem Volk auslässt. Als Herrscher betrügt, foltert, entführt und tötet er seine Bürger*innen, wie ihm beliebt. Dass er diese Gewalt vor allem durch die Ablehnung durch das Volk, durch den Islam aufgrund seiner (vermuteten) Homosexualität rechtfertigt, ist den Bürger*innen nicht klar. Dass eine queere Sexualität überhaupt vorliegt und das Volk davon weiß, ist unklar.

Am Ende des Tages spielt seine implizite und vermutete Homosexualität keinerlei Rolle. Auch, wenn sie eine Begründung für sein Verhalten liefern soll und dieses Verhalten ihn ja erst zum Templer und damit zu unserem Ziel macht, ist dies für das Spielerlebnis unerheblich. Sie bleibt nur implizit, angedeutet und rein spekulativ. Wer sich im Spielverlauf nicht damit beschäftigt, ihm und den Menschen zuzuhören, wird das Thema vollständig überhören. Dennoch ist Abu'l durch diese Hintergrundgeschichte die erste Person in dieser Analyse, die durch die Verbindung von Homosexualität als Motivation für Hass und Gewalt, eine negative Repräsentation darstellt. Ebenso wird er – wenn wir die Homosexualität einmal als gegeben annehmen – zur ersten hier betrachteten Figur, die Diskriminierungserfahrungen macht. Dieser Teil, der für viele queere Menschen leider zur Realität dazugehört, wird oft nicht dargestellt oder eingebaut.

5.6 Mass Effect 3 (2012)

Als erstes Spiel der 2010er betrachten wir BioWares dritten Teil der *Mass Effect* Shepard-Trilogie. Hier nehmen wir in der Third-Person die Rolle von Commander Shepard ein. Diesen Charakter können wir zu Beginn selbst erstellen (oder aus Teil 1 & 2 importieren) und dementsprechend auch nach eigenem Gusto als Mann oder Frau kreieren. Das Sci-Fi Rollenspiel beginnt auf der Erde und ihrer großen Galaxie im Jahre 2186. Das außerirdische Maschinenvolk der Reaper droht dieser gesamten Galaxie mit ihrer Auslöschung. Commander Shepard – also wir! – sind hier der Held und müssen mit unserer Crew und dem Raumschiff, der SSV Normandy SR-2, die Galaxie davor bewahren. Wir reisen durch eben jene und es zieht uns von Planet zu Planet, um Aufgabe über Aufgabe zu lösen. Ziel ist es, möglichst viele der verschiedenen Alienvölker für unseren Kampf zu gewinnen. Nur gemeinsam sind wir stark.

Wer die Reihe kennt, weiß ja bereits um die Möglichkeit der ‚love interests', also der möglichen Romanzen. Ähnlich, wie im hier bereits betrachteten BioWare Titel *Jade Empire*. Commander Shepard begegnet auf der Reise durch die Galaxie bekannten Charakteren und neuen Gefährten, die sich ihm als Crew anschließen. Während des Spielverlaufs können mit der Crew Gespräche geführt werden und sich hierbei für verschiedene Antwortmöglichkeiten entschieden werden. Sowohl einem männlichen als auch weiblichen Commander ist es möglich, homosexuell (bzw. bisexuelle) Beziehungen zu einigen Crewmitgliedern einzugehen. Sich auf die Gleichgeschlechtlichkeit beschränkt, können männliche Shepards jeweils die Männer Steven Cortez und Kaidan Alenko als Romanze gewinnen. Eine weibliche Commander Shepard hingegen kann u. a. ein Interesse an Samantha Traynor, Diana Allers und Liara T'Soni ausleben.

Unser Crewmitglied Kaidan Alenko ist Major der Militäreinheit der *Spectres* und ist bereits seit Teil 1 der Trilogie unser alter Bekannter. Je nach Vorgeschichte kann Alenko entweder noch am Leben sein oder in Teil 1 bei einer Mission ums Leben gekommen sein. Eine Romanze ist selbstverständlich nur mit einem überlebenden Alenko möglich. In diesem Fall wird er sich direkt nach dem Spielbeginn, der Invasion der Reaper auf der Erde, der Crew anschließen. Das Vergnügen ist vorerst nur von kurzer Dauer: Die erste Mission führt uns auf den Mars und in ihrem Verlauf wird Kaidan schwer verletzt und landet in einer Krankenstation. Bereits hier kann die Annäherung starten. Kaidan freut sich sehr über unsere regelmäßigen Besuche und vor allem über ein kleines Genesungsgeschenk in Form einer Flasche Whisky. Dank guter Behandlung wird es uns dann möglich, ihn im fortgeschrittenen Spiel wieder für unsere Mission zu rekrutieren. Um sich unter anderem für diese Aufmerksamkeiten zu bedanken, lädt Alenko uns nach seiner Rückkehr auf die Normandy zu einem Abendessen ein. Ein intensives Gespräch kann dann durch den*die Spieler*in in die Richtung einer romantischen Beziehung geführt werden, die den Abend dann mit einer Cut-Scene inklusive Kuss ausklingen lässt. Im weiteren Spielverlauf fällt den Spieler*innen in den Gesprächen mit Alenko dann womöglich auf, dass sowohl Inhalte als auch Stimme und Tonfall im Miteinander sehr vertraut und emotional wirken. Vor einer weiteren Mission – dem Angriff auf das Cerberus Hauptquartier – bekommen wir in unserer Kabine Besuch von Alenko und er revanchiert sich mit einer Flasche Whisky. Dieser Abend endet dann mit einer gemeinsamen Nacht (Abb. 5.5). Weitere romantische Interaktionen zwischen einem männlichen Shepard und Kaidan Alenko umfassen u. a. ein sehr liebevoll artikuliertes „alles Gute", als sich die Wege der beiden im Rahmen

Abb. 5.5 Kaidan Alenko und Commander Shepard in der Kajüte des Captains. Offensichtlich sind die beiden hier mehr als nur platonische Freunde und nicht mehr bekleidet. (BioWare, 2012)

einer Mission trennen müssen. Ebenso ergibt sich in der letzten Mission bei bisher 'erfolgreicher' Romanze und Alenko im Einsatzteam eine Situation, in der Alenko uns seine Liebe gesteht. Sollten die Spieler*innen am Ende des Spieles den Tod Shepards erlebt haben und vorher die Beziehung mit Alenko geführt haben, zeigt der Abspann Kaidan Alenko vor der großen Gedenktafel stehend, während der traurig eine kleine Gedenktafel mit unserem Namen festhält.

Betrachten wir die **narrative Ebene** von Alenko, dann erfahren wir sehr schnell auch in Teil 3, dass er schon seit Teil 1 eine große und wiederkehrende Rolle im Spiel Universum trägt. Wir lernen ihn als Wächter kennen, eine der spielbaren Klassen. In seinem Fall wurde er durch in Körper und Gehirn eingesetzte Implantate mit psychotechnischen und biotischen Fähigkeiten ausgestattet, um als Soldat effizienter zu sein. Beim Wiedersehen in *Mass Effect 3* zeigt sich die gegenseitige Freude hierüber und auch die gemeinsame Vergangenheit im Dienst der Allianz. Es ist beiden Seiten bereits klar, dass sie sich immer aufeinander verlassen können und wir starten in Teil 3 bereits mit der Narration, dass beide nicht nur langjährige Kameraden, sondern auch Freunde sind. Auf der Normandy und auch während Missionen zeigt sich immer wieder die Qualität Alenkos als treuer Soldat und vertrauensvoller Kamerad. Darüber hinaus wird er immer wieder als zurückhaltend und auch geheimnisvoll porträtiert. Es gibt außer seiner militärischen Vergangenheit kaum bis gar kein Wissen über seine private Seite und auch das Thema Beziehungen und Sexualität tritt nicht ans Tageslicht. Dass er mit Shepard (unabhängig von Geschlecht) eine Beziehung eingeht, ist neben dem einzigen Indiz auf seine Bisexualität auch die einzige bekannte Beziehung. Darüber hinaus ist er ein Sinnbild des ‚einsamen Wolfes', wie man es von anderen Soldaten-Charakteren aus der Literatur- und Filmgeschichte kennt. Der Kriegsdienst machten ihn zu dem zurückhaltenden, verschlossen und distanzierten Menschen.

In der Spielfunktion auf **simulativer Ebene** ist Alenko primär Crewmitglied und Soldat mit starken und nützlichen Fähigkeiten. Hin und wieder auf der Normandy eben auch Gesprächspartner. Diese Gespräche haben für das Spielerlebnis keine konkrete Funktion, außer eben den Aufbau bzw. das Ausleben der Romanze mit ihm. Diese Beziehung oder auch seine dadurch implizierte Sexualität sind ebenfalls ohne nennenswerte Funktion oder Auswirkung auf das restliche Spielgeschehen.

Betrachten wir ihn auf **kommunikativer Ebene** in der Spielwelt, dann zeigt sich vor allem die Zurückhaltung. Er interagiert nur selten mit anderen Menschen oder Aliens. Stattdessen wirkt er auf sein Umfeld sehr fokussiert darauf, ein guter Soldat zu sein und der Allianz bzw. Commander Shepard zu dienen. Sein sonstiges Interesse an sozialer Interaktion oder Freundschaften halten sich in Grenzen.

Kameradschaften zwischen Soldaten scheinen sein Maximum. In den wenigen Gesprächen lässt er keine Einblicke in sexuelle oder romantische Interessen zu – außer in den Interaktionen mit Shepard. Darüber hinaus ist es nie ein präsentes Thema, ob eine Sexualität für ihn überhaupt existiert.

Neben Alenko begegnet Shepard auf der Normandy jedoch auch noch Steve Cortez. Er ist unser Shuttle-Pilot und zuständig für den Transport zwischen Normandy und Planeten wie Raumstationen. Für einen männlichen Commander Shepard steht Cortez auch als *love interest* zur Verfügung. Damit ist er (zusammen mit Samantha Traynor) eine rein homosexuelle Romanze. Shepard lernt Cortez im Shuttle Bay der Normandy kennen und kann dort zwischen Missionen auch immer wieder Gespräche mit ihm führen. In diesen erfahren wir über Steve, dass er vor einigen Jahren nicht nur seine Eltern verlor, sondern auch sein Ehemann in der Kolonie entführt und getötet wurde. Dieser Verlust des Partners ist wiederkehrender Bestandteil der Gespräche und Cortez trauert immer noch seinem Ehemann nach: So bekommen wir auch mit, dass er gelegentlich alte Aufzeichnungen von Telefonaten zwischen den beiden anhört. In diesem Kontext kann Shepard im Gespräch einfühlsam reagieren und ihm Trost spenden. Auch das Angebot einer Beurlaubung für Cortez kann durch Shepard geäußert werden, damit er sich „im Landgang alle Zeit für die Trauer nehmen kann, die er braucht". Begibt sich Shepard dann später wieder auf die große Raumstation *Citadel,* trifft er Cortez vor einer Memorial Wall mit den Namen gestorbener Kolonist*innen. Darunter auch sein Ehemann. In dieser Szene passiert zwischen den beiden nichts weiter. Dennoch ein emotionaler Moment. Erst im Anschluss begegnen wir Cortez in der Purgatory Bar und er wirkt entspannter und ausgelassener als sonst. Wir sprechen ihn an und er äußert seine Freude am Tanzen, sei aber dem „Augenschmaus" in der Bar auch nicht abgeneigt. Hier ergibt sich für die Spieler*innen des männlichen Shepards die Gesprächsoption „Wieso schauen Sie mich dann nicht an?". Dies führt dann zur Aufforderung zum Tanzen durch Cortez und wir erleben, dass Shepard während dieser Situation der Nähe ihm die eigenen Gefühle beichtet. Zu unserer Überraschung teilt Cortez diese Gefühle für uns und wir beschließen, mehr als nur Freunde zu sein. Die Romanze geht so ihren Weg und es kommt immer wieder zu emotionalen und romantischen Dialogen an Bord der Normandy, sowie zu zwei möglichen Abenden gemeinsam in der Kabine des Commanders (Abb. 5.6).

Cortez ist auf **narrativer Ebene** vor allem ein trauernder Ehemann. Das macht ihn gleich in zwei Aspekten einzigartig: Erstens ist er damit der einzige Charakter, bei dem eine vorangehende Beziehung überhaupt offen existiert und zweitens ist das eine explizite Information über seine Sexualität. Genauso ist er jedoch auch ein zuverlässiges Crewmitglied und stets darum bemüht, Shepard und seine Crew mit dem Shuttle ans Ziel zu bringen. Er wird

Abb. 5.6 Steven Cortez sitzt mit Commander Shepard romantisch auf der Couch. (BioWare, 2012)

als nahbarer und auch fürsorglicher Mensch dargestellt. Die Romanze mit Shepard wird mit einer Entwicklung und Tiefgang erzählt. So war es anfangs gar kein Thema und im Vordergrund stand die Trauer um den eigenen Ehemann, doch ein einfühlsamer Shepard kann hier Stück für Stück Gefühle wecken. Außerhalb der Interaktionen mit Shepard scheint die Sexualität, die Trauer oder die Beziehung mit dem Commander keinen narrativen Wert im restlichen Spiel einzunehmen. Dabei wären ein paar freundliche oder schnippische Kommentare anderer Crewmitglieder so passend gewesen.

Eine vergleichsweise kleine Rolle nimmt Cortez auf **simulativer Ebene** ein. Er ist der Shuttle-Pilot und fliegt uns vom Shuttle Bay der Normandy zum jeweiligen Ziel außerhalb. Das ist alles. Unser Bord-interner Taxifahrer.

Tauchen wir tiefer ein in die **kommunikative Ebene,** dann scheint Cortez zwar eine umfangreiche Hintergrundgeschichte und vergangene Beziehungen (mit Ehemann sowie Eltern) gehabt zu haben, aber in der Gegenwart ein eher zurückgezogener Mensch zu sein. Es ist nicht bekannt, ob er nach dem Tod seiner Familie noch andere Kontakte pflegte oder ob er an Bord der Normandy irgendwelche Freundschaften pflegt, Hobbys nachgeht oder Ähnliches. Seine Sexualität ist ebenfalls kein Thema für die Menschen in seinem Umfeld – außer für Shepard, wenn man die Beziehung mit ihm eingeht.

5.7 Watch Dogs 2 (2016)

Zu guter Letzt kommen wir nach dem Sci-Fi-Abenteuer nun in die Gegenwart zurück. Dort spielt *Watch Dogs 2*, das 2016 von Ubisoft Montreal entwickelte Open-World Action-Adventure. Wir nehmen dort die Rolle des Hackers Marcus Holloway ein. Zuletzt hatte man uns in der

Vorgeschichte des Spiels eines Verbrechens beschuldigt. Zumindest ist das stadtweit installierte Überwachsungssystem *ctOS 2.0.* dieser Überzeugung. Nur wenig davon begeistert, für ein nicht begangenes Verbrechen beschuldigt zu werden, richtet sich unsere Rache gegen den für *ctOS* verantwortlichen Konzern. In der Hackergruppe *DedSec* finden wir zum Glück Verbündete gegen diesen Kampf. Das Ganze findet in der Third-Person-Perspektive statt und die Mischung aus Nahkampf, Schusswaffen und Fahrzeuge nutzen erinnert hierbei an *Grand Theft Auto.* Erweitert wird es um das spieltypische Einsetzen von eigener Hacking-Technologie: Von Terminals über Ampeln bis hin zu Stromkästen ist nichts vor uns sicher.

Im Spielverlauf kreuzen sich unsere Pfade mit denen der feindlichen Hacker-Gruppierung *Prime Eight.* Diese haben uns einen ‚Schlüssel' geklaut, um uns aus der eigenen Software auszusperren. So trifft sich der Spielercharakter mit deren Anführerin Lenora Kastner. Häufig auch einfach nur "Lenni" genannt. Dieses und nachfolgende Treffen finden vor einer nicht näher benannten LGBTQ Bar statt (Abb. 5.7).

In der Erzählung des Spiels auf **narrativer Ebene** erleben wir Lenora als eine groß gewachsene, stämmige Frau mit Kurzhaarfrisur. Ihr Auftreten wirkt dabei eher maskulin. In den Dialogen und auch Cut-Scenes zeigt sie sich durchsetzungsstark, furchtlos und zielstrebig. Die uns entgegen gestellte Hacker-Gruppe *Prime_Eight* wird von ihr erfolgreich geführt. Eine kompetente Anführerin, wie sie im Buche steht. Dass wir sie immer nur vor der queeren Bar antreffen, wird nie näher beleuchtet oder thematisiert. Auch sonst gibt es narrativ keine konkreten Informationen über das Leben, die Interessen oder gar Geschlecht und Sexualität von Lenora.

Abb. 5.7 3D Artwork von Lenora Kastner, erstellt von Watch Dogs 2 Character Artist Alexandre Jean-Philippe (Ubisoft Montreal, 2016)

Auf der **simulativen Ebene** nimmt Lenora eine nur kleine Funktion ein. Wir führen einzelne Gespräche mit ihr und erleben Cut-Scenes. In tatsächlichen ingame Kontext, wenn wir uns frei durch die Stadt bewegen, können wir Lenora nicht begegnen. Als würde sie nicht existieren. Und wenn wir ihr dann einmal begegnen, dann ist es alles vorgegeben: Uns bleibt keine Möglichkeit, nicht oder anders mit ihr zu interagieren.

Kommen wir zur **kommunikativen Ebene,** dann ist Lenora für uns ersichtlich in der Spielwelt ein genauso großes Rätsel. So kennen wir keine Kontakte oder Beziehungen Lenoras innerhalb der Hacker-Gruppe oder auch darüber hinaus. Ein Sozial- oder Familienleben existiert auch nicht wissentlich. Aber vielleicht ist sie, was das angeht, auch nur eine sehr gute Hackerin und hält es konsequent geheim.

Mit all diesen Ebenen im Überblick, kann die Queerness von Lenora zumindest nur auf einer impliziten und vermuteten Art und Weise aufgestellt werden. So führt auch das LGBTQ Video Game Archive sie vor allem wegen der eher maskulinen Präsentation und dem Antreffen vor der queeren Bar auf. Konkrete Vermutungen reichen von einer lesbischen Sexualität über eine Transgeschlechtlichkeit bis hin zu einem cis-heterosexuellen „Butch" auftreten. Auch Letzteres wäre durch den Ausbruch aus den klassischen Geschlechterrollen von Frauen gewissermaßen ein ‚queering' (vgl. Abschn. 1.1). Interessant ist der Charakter also nicht aufgrund einer tatsächlich bekannten Queerness, sondern aufgrund der äußerlichen Repräsentation und der dadurch entstehenden Möglichkeit, eine eigene Interpretation anzuwenden. So könnten Spieler*innen sich durch den Charakter ‚gesehen' fühlen, wenn sie ähnlich auftreten, sich ähnlich zeigen oder eben ähnlich fühlen. Manchmal, da reicht ja bereits die Repräsentation einer kurzhaarigen, durchsetzungsstarken und nicht norm-schlanken Frau, um der Umwelt zu zeigen: Hey, das ist möglich und okay und sogar toll! Lenora als eine Art Leinwand für Menschen, die vielleicht auch aus Normen ausbrechen.

6

Schlusswort zur Repräsentation

In diesem sechsten Kapitel gibt es nicht nur einen inhaltlichen Rundumschlag zum Thema Repräsentation, sondern auch eine zusammenfassende Einschätzung der betrachteten Spiele und der Entwicklung von Repräsentation. Warum brauchen wir Repräsentation nun, wie sieht sie aus, wie kann sie gelingen und wo geht es vielleicht noch hin?

Repräsentation in Medien gibt es schon, seitdem es Medien gibt. Aber eben nicht aus Versehen. Es ist ein (unter)bewusstes Einbauen durch Medienschaffende mit einem Effekt auf die Konsument*innen. Wechselwirkungen zwischen medialer Repräsentation und individueller/ gesellschaftlicher Gedanken und Gefühle sind auch der Forschung bekannt. Das fängt bereits an durch die bloße Verfügbarkeit wie auch Zugänglichkeit von Stereotypen (Appel, 2008). Das bedeutet, dass sie zuerst durch die Inhalte – das Gezeigte – in den Medien zugänglich sind: Alleine RTL 2 anzuschalten liefert ja bereits auf Knopfdruck zahlreiche Stereotype und dadurch vermittelte Vorurteile.

Bürgergeldempfänger sind faul, trinken nur Alkohol, haben zig Kinder fürs Kindergeld. Dass das auf einen Großteil nicht zutrifft, sehe ich im Arbeitsalltag bestätigt. Stattdessen ist es der Klassismus und die eigene Selbstwerterhöhung: die „Armen" da unten, die „Assis"[1]. Nicht minder mit Vorurteilen medialer Verbreitung beschäftigen sich eben auch die Queer und Gender Studies. Wer kennt es nicht, wenn Mario Barth mal wieder sexistische Vorurteile über Frauen auf breiter Bühne und im Fernsehen von sich gibt? Auch sind sie ja angeblich viel zu emotional und hormongesteuert für ‚wichtige Aufgaben', was wir dann als gesamtgesellschaftliche Auswirkung u.a. in der Politik sehen. Dies und noch vieles mehr gibt genug Anlässe, um für die Gender- und Queer Studies die Themenkomplexe um Geschlecht, Körper und Sexualitäten zu hinterfragen und auch zu dekonstruieren (Degele, 2005). Dazu zählen neben den über die Jahrtausende gewachsene – „Männer tragen keine Röcke" oder „der Mann macht den Heiratsantrag" – eben auch grundsätzlich alle angeblich so normalen und natürlichen Kategorien (Clark, 2017; Klamt, 2007). Mann, Frau, Hetero- und Homosexualität, und viele Weitere. Die meisten Menschen landen im Leben irgendwann an dem Punkt und fragen sich, was ihre Männlichkeit/Weiblichkeit eigentlich für sie bedeutet. Oder wie die überhaupt aussehen muss. Die geschlechtliche Identitätsbildung ist ja gerade in der Pubertät ein zentrales Thema.

Diese Entwicklungen und Fragestellungen verlaufen oft anhand der Dimension „was ist normal, was ist nicht normal?" und schon u. a. Soziologin Nina Degele zeigte auf, dass diese Normalitäten eben soziokulturell naturalisiert

---

[1] Hier sei angemerkt, dass "assi" als Abkürzung von "asozial" nichts anderes ist als der Begriff, den bereits die Nationalsozialisten verwendet haben für Menschen(gruppen), die als nicht lebenswert betrachtet wurden.

sind. Also durch den gesellschaftlich-kulturellen Kontext selbstverständlicht. Denn wer bestimmt denn, dass die Binärgeschlechtlichkeit von Mann und Frau natürlich und 'normaler' ist, wenn nicht die Gesellschaft (Degele, 2005)? Und auch Heterosexualität ist nicht normaler oder natürlicher, da sind uns ja zahlreiche auch homosexuell aktive Tiere voraus. Dennoch leben wir alle in einer Gesellschaft und Welt, die diese Kategorien nicht nur aufmacht, sondern auch bewertet und Menschen in Wertigkeiten einteilt. Die Hintergründe für Queerfeindlichkeit sind dabei mannigfaltig und in der Menschheitsgeschichte weit verbreitet. Ganz gleich, ob in der Missinterpretation der Bibel als „Männer sollen nicht mit Männern liegen wie mit Frauen" oder eben beim Niederreißen des Instituts für Sexualwissenschaft Magnus Hirschfeld durch die Nationalsozialisten und die Bücherverbrennung. Queere Menschen – also Menschen außerhalb der heterosexuellen und cisgeschlechtlichen Norm – erfahren aufgrund dieser bloßen Gruppenzugehörigkeit immer wieder Diskriminierung. In den Gründen hierfür finden sich eben häufig gesellschaftlich gewachsene Stereotype und Vorurteile (Spears & Tausch, 2014). Diese kommen ja eben nicht einfach aus dem Nichts und sind auch nicht angeboren. Oft nehmen wir Vorurteile bereits als Kinder in unserem Umfeld wahr und nehmen sie uns an, wenn der Gegenpol fehlt. Oder sehen sie eben reproduziert in Film und Fernsehen. Für Kinder und Jugendliche ist dies dann häufig das erste Bild von den sogenannten Fremdgruppen: Vielleicht erinnern sich die Kinder der 90er/2000er ja noch an die stereotyp etwas fragwürdigen Filme mit Michael Bully Herbig? Sowohl der *Schuh des Manitu* als auch *Traumschiff Surprise* zeichneten ein klares Bild stereotyper Homosexualität. Auffällig femininer, ‚tuntig', extravagant und exzentrisch. Eine von vielen falschen Vorstellungen und Assoziationen, die durch den eingeschränkten Kontakt mit einer Gruppe entstehen (Sommer, 2017). Umso schockierender, wenn wir im Lebensverlauf feststellen: Schwule Männer sind gar nicht alle so? Doch häufig werden sie dadurch erst verstärkt in der Gesellschaft verankert (Grittmann & Thomas, 2018).

Wie kann gute und hilfreiche Repräsentation also aussehen? Es geht hier vor allem um eine Mischung aus der Darstellung von Vielfältigkeit, um der Idee einer Homogenität vorzubeugen. Also eben nicht, dass alle schwulen cis Männer dieselben Attribute, Vorlieben und Verhaltensweisen zeigen. Und auf der anderen Seite geht es eben auch um anerkennende Sichtbarkeit: Man sieht die Gruppenzugehörigkeit nicht nur als Eigenschaft, sondern erkennt auch die biografischen Einflüsse und Erfahrungen an, die damit einhergehen. Gerade in narrativen Medien kann dies stattfinden. So wie der Charakter Eric aus *Sex Education* in aller Vielfalt gezeigt wird, mit familiären Ausgrenzungserfahrungen und auch interindividueller Gewalterfahrung. Durch das Kennenlernen der Biografie, der Gedanken und Gefühle eines Charakters kann es bei den Zuschauer*innen zur auch ‚parasozialen Interaktion' kommen. Es stellt sich das Gefühl ein, den Charakter zu kennen. Irgendwie Teil seines Lebens zu sein, als sei man sich bekannt oder befreundet. Dieser Effekt kann sich in Videospielen noch verstärkt einstellen, da es hier zu tatsächlichen Interaktionen zwischen den Charakteren und den Spieler*innen führt. Ich führe ingame Gespräche oder ‚erlebe' Interaktionen (Mukherjee, 2017; Rowe, 2010). Dies macht es möglich, mich durch Repräsentation auch mit anderen Gruppen vertraut zu fühlen – oder eben nicht, wenn die Repräsentation fehlt. Die Videospiele mit strikt heterosexuellen Interaktionen zwischen dem Spielcharakter und NPC machen es queeren Spielenden nicht möglich, sich im Spiel wiederzufinden und dadurch in der fiktiven Welt und auch in der realen Welt ‚willkommen zu fühlen' (Shaw, 2009).

6 Schlusswort zur Repräsentation

Die zuvor betrachteten Spiele sind hier eine heterogene Masse an Repräsentation. Mit *Ultima* und *Fallout* kommt zumindest die Möglichkeit auf, sich in einer queeren Interaktion wiederzufinden. Auch wenn es bei dieser Interaktion bleibt und es keinen wirklichen Tiefgang in der Queerness gibt. Wenn man diese Queerness überhaupt als gegeben annehmen möchte, waren es doch wirklich nur ein einmaliger Kuss oder der einmalige Geschlechtsakt. Das fühlt sich entweder an wie ein Programmierfehler oder wie ‚Schaufensterdekoration', ein queeres Gimmick (Chang, 2017). Ist queere Repräsentation ausreichend, wenn es eigentlich nur der Frage folgt, ob ein NPC im Spiel auch gleichgeschlechtlich küssen/beischlafen darf? Ja/Nein/Vielleicht? Das ist hier doch kein kleiner Zettel, der durch die Schulklasse zum Crush gereicht wird!

Eine gute Repräsentation, hier im Text exemplarisch am Medium der Videospiele, darf nicht über die bloße Anwesenheit funktionieren. Es geht um eine notwendige Vielschichtigkeit des Charakters, um eine gespielte Rolle auch außerhalb der Queerness. So wie wir in Mass Effect 3 neben Kaidan Alenko auch den Shuttle-Piloten Steve Cortez kennenlernen. In Gesprächen spricht er offen über seine Homosexualität, erzählt Commander Shepard vom verstorbenen Ehemann. Um die Sexualität herum entsteht eine Geschichte, mit ihren Höhen und Tiefen. Und dennoch ist Steve an Bord nicht nur „der schwule Mann", sondern ein Crewmitglied, ein zuverlässiger Pilot, ein sympathischer und lustiger Zeitgenosse. Von all den Eigenschaften, die wir Steve zuschreiben würden, wäre das Schwulsein nur eine von Vielen. Es waren solche Charaktere, die mich und andere Wissenschaftler*innen zu der Frage inspirierten, wie das eigentlich mit der Repräsentation so im Laufe der Zeit ablief. Mit großer Überraschung zeigte mir das *LGBTQ Video Game Archive* auf, dass es im Laufe der Zeit immer mehr queere Charaktere wurden.

Doch wenn ich nun Leslie Anne Bishop und Kaidan Alenko gegenüberstelle, dann wird nicht nur die Quantität relevant. Welche Repräsentation ist besser? ‚Besser' ist hierbei ein sehr interpretationsreiches Wort und kann gewissermaßen auch als ‚realistischer' übersetzt werden. Dann sind wir eben bei der Heterogenität der einzelnen Person, bei dem Verzicht auf bekannte Stereotype und Vorurteile, bei einem realistischen Einbezug von queeren Charakteren – wie beispielsweise Diskriminierungserfahrung. Und spielt der queere Charakter im Spiel eine Rolle, vergleichbar zu den Rollen nicht-queerer Charaktere?

Nach der Betrachtung und Analyse der sechs Spiele in diesem Text, können wir vorerst zu einem Schluss kommen: Queere Menschen sind vorhanden, aber im Vergleich zur Nicht-Queerness unterrepräsentiert. Würde ich die Menge an queeren Charakteren pro Spiel durch die Gesamtzahl der Charaktere teilen, wäre der Prozentsatz enttäuschend. Aber vielleicht spiegelt das ja auch die Realität wider, je nach eigener Situation. In meinem Freundeskreis sind queere Menschen jedenfalls in der Überzahl. Zurück zu den Spielen!

Wenn es um queere Charaktere geht, dann zeichnen sich diese meist durch eine Nicht-Heterosexualität aus. Frigidazzi, Leslie Anne Bishop, Weiter Himmel und Kaidan Alenko können als bisexuell (oder anderweitiger nicht-monosexuell) betrachtet werden. Zumindest können Spieler*innen unabhängig des eigenen Charaktergeschlechts mit ihnen in körperlich-intimer Manier verkehren. Hier würde das Label also zumindest deskriptiv das Verhalten beschreiben können. Nur bei Steve Cortez scheint Homosexualität unabhängig vom Spielerinteresse vorzuliegen. Dies macht ihn in diesem Text zur einzigen klar definierten, klar homosexuellen Person und zur einzigen Person mit einer expliziten Vorgeschichte, die mit seiner Sexualität zu tun hat. Abu'l Nuqoud kann aufgrund

6 Schlusswort zur Repräsentation

seiner Aussagen und seines Erscheinungsbildes nur als irgendwie queer vermutet werden, genauso wie Lenora Kastner. Was alle Charaktere jedoch gemeinsam haben ist, dass es nie eine explizite Äußerung zur Sexualität oder zum Geschlecht gibt. Was andere Geschlechter als cis Männlichkeit/Weiblichkeit angeht, ist die Repräsentation stark ausbaufähig und in diesem Text mit vermuteten null Charakteren dargestellt. Bei Lenora Kastner gibt es keine klare Äußerung für oder gegen Transgeschlechtlichkeit oder Nicht-Binarität. Aber am Ende des Tages könnte jeder hier besprochene Charakter genauso gut auch trans oder nichtbinär sein. Was die Rolle der Sexualität in den Spielen angeht, so geht es in drei der sechs Spielen um eine mögliche sexuelle Interaktion mit dem Spielercharakter – die Sexualität ist also PC-bezogen. Nur Steve, Abu'l und Lenora sind nicht nurauf den Spielercharakter bezogen, aber hier gibt es auch keine expliziten Informationen oder Handlungen, die überhaupt auf Queerness hindeuten.

Mögliche Kritikpunkte an der hier betrachteten Repräsentation könnte also folgendermaßen aussehen:

- Es geht häufiger um andere Sexualitäten anstatt auch um queere Geschlechtsidentität.
- Queere Sexualität der Charaktere bezieht sich meist direkt auf den Spielercharakter, als müsse sie eine Funktion erfüllen.
- Es fehlen Hintergrundgeschichte über ein queeres Leben, über Diskriminierungserfahrung etc. der Charaktere.

Dennoch kann bereits diese kleine Auswahl an sechs Spielen und sieben Charakteren bereits aufzeigen, dass sich die Repräsentation queerer Charaktere im Laufe der Zeit verändert hat. So erleben wir in den 90ern (mit *Ultima VII Part Two* und *Fallout 2*) zwei nur kurz auftretende

Nebencharaktere, deren Sexualität auch gar nicht angesprochen wird oder überhaupt eine Auswirkung auf ihr Leben hat. Dies ändert sich hier am Beispiel von *Jade Empire*, mit der Möglichkeit der Romanze mit *Weiter Himmel* als langfristig vorhandener Begleiter im Spiel. Und gehen wir bei *Assassin's Creed 1* davon aus, dass *Abu'l* tatsächlich homosexuell ist, dann erleben wir immerhin einen Charakter, der durch die Sexualität eben Diskriminierungserfahrungen erlebt und darunter leidet. Das können queere Menschen vermutlich nachvollziehen, auch wenn die meisten von uns weder sadistische Herrscher*innen noch Mörder*innen sind. Dafür bekommen wir im nächsten Jahrzehnt dann am Beispiel von Mass Effect 3 nicht nur eindeutig nur homosexuelle Charaktere, sondern auch Charaktere mit queerer Vorgeschichte und grundsätzlich einer Crew voller möglicher Queers. Im Text wurden aus Platzgründen zwar nur Alenko und Cortez behandelt, aber von 17 möglichen Romanzen sind 8 gleichgeschlechtlicher Natur. Lieben wir! Wortwörtlich. Gleichzeitig erleben wir in *Watch Dogs 2* mit Lenora zwar eine nicht explizit oder näher beschriebene, queere Person, aber ich möchte dennoch anmerken, dass sie mit Aussehen, Auftreten und ihrer persönlichen Eigenschaften im Kontext der Hacker-Gruppe durchaus eine positive Repräsentation darstellt. Ihr Aussehen bricht Normen und ihr Erfolg und ihre Durchsetzungsstärke in der Hacker-Gruppe ist ihr als Frau auch hoch anzurechnen. Wir lieben es, starke Frauen zu sehen.

Diese Auswahl an Spielen ist nur eine kleine Auswahl an Spielen desselben Genres oder gar anderer Genres. Betrachtungen zur queeren Repräsentation könnten auch darüber hinaus noch vielfältig stattfinden, wie ja bereits am Beispiel von Sims angeführt. Mit einer verbesserten Zugänglichkeit von Videospielproduktion wird auch die Produktion durch queere Menschen immer häufiger. Das, was früher nur von einer großen Gruppe von Menschen mit Geld und Ressourcen entwickelt werden konnte, kann heute auch eine einzelne Person zu Hause umsetzen. Blicken wir da doch einfach mal auf Stardew Valley und dessen Erfolg. Und das mit nur einem Entwickler und mit genauso vielen Möglichkeiten queerer Romanzen und Ehen. Auch hier gibt es viel positives Feedback queerer Menschen dazu, im Farmsimulator eben auch in einer homosexuellen Ehe leben und ein Kind adoptieren zu können. Es ist spieltechnisch nur eine kleine Änderung und kann doch für queere Menschen eine große Rolle spielen.

Und genau das ist das, was ich beobachtet habe, was ich im Laufe der Jahre untersucht habe und mit diesem Text vermitteln möchte: Videospiele sind ein Medium von nicht zu leugnender Präsenz. Durch ihre Interaktivität immer noch etwas Besonderes und einflussreich, wenn es um Gedanken, Gefühle und Interaktionen mit und zwischen Spieler*innen geht. Sie können uns aufbauen, uns guttun, uns vernetzen. Oder eben genau das Gegenteil. Es ist von Vorteil, wenn wir darum wissen und die Medien auch als Werkzeuge geschickt für uns nutzen können. Das wiederum hat eben mit unseren Bedürfnissen zu tun und lässt sich praktisch einsetzen – sofern die richtigen Spiele natürlich für mich zugänglich sind. Gerade psychologische Forschung, wie in den Kapiteln 4.3 und 4.4 angeführt, zeigt auch den praktischen Nutzen von Videospielen für queere Menschen. Das Ausleben von Geschlecht und nicht-normativer Identität, ganz gleich ob nun im Singleplayer in Sims oder eben im Multiplayer, in dem niemand mein Geburtsgeschlecht kennt und sieht. Videospiele als Spielplätze. Spiele, wer du sein willst. Egal was. Das ist das, was Videospiele auch ausmacht. Es sind Spiele. Und gerade durch transportierte Erzählungen, Spielmechanismen und Co. können sie neben fiktiven und fantastischen Inhalten eben auch immer die Verknüpfung zur Realität darstellen. Dann können wir sehen und erleben, dass ein schwuler Shuttle-Pilot eben ein ganz normaler und toller Mensch ist. Es spiegelt mir, dass es okay ist, schwul zu sein. Und auch die Narben der Mastektomie sind normal und schön, wenn ich meine Sims damit mittlerweile ausstatten kann. Die Beziehung zwischen Medieninhalt und Realität ist schon immer eine komplexe, sie beeinflussen sich beide. Es wird gestaltet und eingebaut, was in der Realität bei den Produzent*innen im Kopf ist, was sich gut verkaufen lässt, was vom Markt überhaupt angenommen wird. Gleichzeitig wird Realität, was wir immer wieder in den Medien sehen und reproduzieren und dadurch erst kennenlernen.

Das Thema ist komplex. Alles hängt miteinander zusammen. Anfangs war es für mich verwirrend und so interdisziplinär. In diesem Buch geht es um Queer und Gender Studies, um Psychologie, um Game Studies, Medienwissenschaft, auch Soziologie. Da blicke ich ja selbst oft kaum durch. Doch für eine Auseinandersetzung mit dem Thema Repräsentation in Videospielen reicht es. Und vielleicht auch, um dein Verständnis davon zu schärfen.

Anhang

Tab. A1 – Inhaltsarten aus dem lgbtqgamearchive.com

Kategorie	Beschreibung
Handlungen	Dies ist eine weit gefasste Kategorie für Handlungen, die Spieler im Spiel ausführen können, die nicht mit Beziehungen/Romanzen/Sex zu tun haben und die als Beispiele für LGBTQ-Inhalte in Spielen verwendet wurden. Sie umfasst alles von homoerotischen Finishing-Moves bis hin zu Cross-Dressing-Quests. Da Cross-Dressing ein dominantes Thema in unserer Kodierung war, haben wir es auch als Unterkategorie ausgegliedert
Artefakte	Dies bezieht sich auf Objekte oder visuelle Elemente im Spiel, die sich auf LGBTQ beziehen, einschließlich Tränke, die das Geschlecht ändern, oder witzige Geschäfts- oder Produkttitel

Kategorie	Beschreibung
Veränderungen nach Ort	Da es sich bei Spielen um eine länderübergreifende Branche handelt, werden einige Inhalte geändert, wenn Spiele für neue Märkte angepasst werden. In einigen Fällen werden LGBTQ-Inhalte entfernt, um einen bestimmten Markt nicht zu verletzen. Bei den in dieser Kategorie aufgeführten Spielen wurden Berichten zufolge einige LGBTQ-Inhalte geändert
Charaktere	Diese Kategorie ist für spielbare und nichtspielbare Charaktere (NPCs), die explizit oder implizit als queer, bisexuell, pansexuell, lesbisch, schwul, asexuell, demisexuell, aromantisch, demiromantisch, biromantisch, panromantisch, homoromantisch, transgender, intersexuell, nicht-binär und/oder genderqueer oder geschlechtsuntypisch kodiert sind. Im Fall von Bi-/Pan-Identität kodieren wir Charaktere im Allgemeinen als bisexuell, wenn sie Interesse an zwei oder mehr Geschlechtern bekunden, während wir Charaktere als pansexuell kodieren, wenn dies ausdrücklich im Spielinhalt erwähnt wird. Wir geben auch an, ob es sich um spielbare Charaktere handelt (in einem der Spiele, in denen sie auftauchen), die auf realen Personen basieren, oder um Charaktere, deren Queerness eher intertextuell ist, wenn sie als eine der oben genannten Kategorien in Paratexten zu Spielen (Filmen, Comics, Büchern usw.) auftauchen. Als „gerüchteweise" kategorisieren wir Charaktere, von denen man annimmt, dass sie einer der oben genannten Kategorien angehören, für die wir aber keine eindeutigen Beweise finden konnten, dass sie in den Spieltexten als solche kodiert sind
Easter Eggs	Easter Eggs sind versteckte Extras in Spielen und anderen digitalen Medien, für die man obskure Ziele erreichen, ein Spiel auf eine bestimmte (unerwartete) Weise spielen oder bestimmte Spielzustände erreichen muss, bevor man darauf zugreifen kann

Kategorie	Beschreibung
Homophobie/ Transphobie	Dies sind Inhalte oder Handlungen, die implizit oder explizit Homophobie oder Transphobie zum Ausdruck bringen. In den meisten Fällen handelt es sich um feindselige Dialoge, die sich gegen einen bestimmten Charakter richten, aber wir haben hier auch Ereignisse im Spiel kategorisiert, die homo- oder transphobe Gefühle verstärken oder darstellen
Orte	Diese Kategorie umfasst Räume in Spielen wie Badehäuser oder Bars, die als queere Räume kodiert sind. Sie ist unterteilt in „explizite", „implizite" oder „gerüchteweise" Räume. Einige dieser Orte wurden während des Lokalisierungsprozesses entfernt (diese sind zusätzlich als „in der Lokalisierung geändert" gekennzeichnet)
Erwähnungen	Diese Kategorie umfasst Dialoge oder Texte, die in irgendeiner Weise auf LGBTQ-Sein verweisen. Dazu gehören beiläufige Bemerkungen über Sexualität oder Geschlecht usw., die im Hauptspiel explizit enthalten sein können oder auch nicht
Modifikationen	Spielmodifikationen (Mods) sind von Spielern erstellte Zusätze zu Spielen, die das Erscheinungsbild oder die Funktionsweise eines Spiels verändern. In diesem Archiv umfasst dies Mods, die gleichgeschlechtliche Beziehungen zulassen, die Darstellung von Geschlechtern ändern oder andere LGBTQ-Inhalte ermöglichen
Queere Spiele/ Narrative	Einfach ausgedrückt, haben wir hier Spiele untergebracht, die sich ausschließlich mit einer queeren Geschichte befassen oder deren Interaktionen einen Aspekt des queeren Lebens widerspiegeln

Kategorie	Beschreibung
Beziehungen/ Romanzen/Sex	In vielen Spielen, insbesondere in Rollenspielen, können die SpielerInnen Beziehungen zu NPCs eingehen und mit ihnen Sex haben oder sie sogar heiraten. Die hier kategorisierten Spiele beinhalten gleichgeschlechtliche Beziehungen/Sex als Teil der Optionen im Spiel. Aus den hier erläuterten Gründen haben wir auch „Sexarbeiter und Bisexualität" als eine separate Kategorie für optionale Beziehungen im Spiel herausgenommen
Eigenschaften	Diese Kategorie umfasst Eigenschaften, die der Spielercharakter im Spiel erwerben kann und die Spieloptionen beeinflussen

Literatur

Allahverdipour, H., Bazargan, M., Farhadinasab, A., & Moeini, B. (2010). *Correlates of video games playing among adolescents in an Islamic country*.

Allport, G. W. (1954). *Nature of prejudice.* Addison-Wesley.

Appel, M. (2008). Medienvermittelte Stereotype und Vorurteile. In B. Batinic & M. Appel (Hrsg.), *Medienpsychologie* (S. 31–66). Springer.

Arndt, S. (2017). Rassismus. Eine viel zu lange Geschichte. In K. Fereidooni & M. El (Hrsg.), *Rassismuskritik und Widerstandsformen* (S. 29–46). Springer Fachmedien. https://doi.org/10.1007/978-3-658-14721-1.

Bagnall, G. L. (2017). Queer(ing) Gaming Technologies: Thinking on Constructions of Normativity Inscribed in Digital Gaming Hardware. In B. Ruberg & A. Shaw (Hrsg.), *Queer game studies.* University of Minnesota Press.

Banks, J., & Cole, J. G. (2016). Diversion drives and superlative soldiers: Gaming as coping practice among military personnel and Veterans. *Game Studies, 16*(2), 19.

Bayramoğlu, Y., & Lünenborg, M. (with Freie Universität Berlin). (2018). *Queere (Un-)Sichtbarkeiten: Die Geschichte der queeren Repräsentationen in der türkischen und deutschen Boulevardpresse.* transcript.

Bozay, K. (2017). Ethnisch-nationale Homogenitätsvorstellungen, Ethnozentrismus und Migrationsdiskurse im transnationalen Raum. In K. Fereidooni & M. El (Hrsg.), *Rassismuskritik und Widerstandsformen.* Springer Fachmedien. https://doi.org/10.1007/978-3-658-14721-1.

Brandenburg, A. (2024). Digitale Spiele und die (Un-)Authentizität von Gender und Queerness. Ein Beitrag aus der Perspektive der Geschichtswissenschaft. *Digitale Spiele im Diskurs.*

Brandt, S., & Straub, J. (2024). *Kritik der Positiven Psychologie.* Psychosozial-Verlag.

Braun, O. L., Gail, K., & Greinert, A. (2020). Das Modell des positiven Selbstmanagements und seine bisherige empirische Bestätigung. In O. L. Braun (Hrsg.), *Positive Psychologie, Kompetenzförderung und Mentale Stärke: Gesundheit, Motivation und Leistung fördern.* Springer Berlin Heidelberg. https://doi.org/10.1007/978-3-662-59665-4.

Brudvig, E. (13 August 2009). *Halo 3 Still Popular.* IGN. https://www.ign.com/articles/2009/08/13/halo-3-still-popular.

Bundeszentrale für politische Bildung. (7 März 2014). *1994: Homosexualität nicht mehr strafbar.* bpb.de. https://www.bpb.de/kurz-knapp/hintergrund-aktuell/180263/1994-homosexualitaet-nicht-mehr-strafbar/..

Butler, J. (2021). *Das Unbehagen der Geschlechter* (K. Menke, Übers.; 22. Auf.). Suhrkamp.

Calleja, G. (2010). Digital games and escapism. *Games and Culture, 5*(4), 335–353. https://doi.org/10.1177/1555412009360412.

Caspar, F., Pjanic, I., & Westermann, S. (2018). *Klinische Psychologie.* Springer Fachmedien. https://doi.org/10.1007/978-3-531-93317-7.

Chang, E. (2017). Queergaming. In B. Ruberg & A. Shaw (Hrsg.), *Queer game studies* (S. 15–24). University of Minnesota Press.

Clark, N. (2017). What is queerness in games, anyway? In B. Ruberg & A. Shaw (Hrsg.), *Queer game studies*. University of Minnesota Press.

Cole, H., & Griffiths, M. D. (2007). Social interactions in massively multiplayer online role-playing gamers. *Cyberpsychology & Behavior: The Impact of the Internet, Multimedia and Virtual Reality on Behavior and Society, 10*(4), 575–583. https://doi.org/10.1089/cpb.2007.9988.

Constitution of the World Health Organization. (o. J.). https://www.who.int/about/governance/constitution. Zugegriffen: 18. März 2025.

Crenshaw, K. (1989). *Demarginalizing the intersection of race and sex: A black feminist critique of antidiscrimination doctrine, feminist theory and antiracist politics.* University of Chicago Legal Forum: 1989 (8)

de Lauretis, T. (1991). Queer theory: Lesbian and gay sexualities an introduction. *Differences, 3*(2), iii–xviii. https://doi.org/10.1215/10407391-3-2-iii.

Degele, N. (2005). Heteronormativität entselbstverständlichen. Zum verunsichernden Potential von Queer Studies. *Freiburger Frauenstudien – Zeitschrift für interdisziplinäre Frauenforschung, 11*(17), 15–39.

Degele, N. (2008). *Gender, queer studies: Eine Einführung*. Wilhelm Fink.

Dietze, G., Yekani, E. H., & Michaelis, B. (2007). Checks and Balances. Zum Verhältnis von Intersektionalität und Queer Theory. In K. Walgenbach, G. Dietze, A. Hornscheidt, & K. Palm (Hrsg.), *Gender als interdependente Kategorie: Neue Perspektiven auf Intersektionalität, Diversität und Heterogenität*. B. Budrich.

Eichenberg, C., & Schott, M. (2017). Serious games for psychotherapy: A systematic review. *Games for Health Journal, 6*(3), 127–135. https://doi.org/10.1089/g4h.2016.0068.

Fahlenbach, K., & Schröter, F. (2015). Game Studies und Rezeptionsästhetik. In K. Sachs-Hombach & J.-N. Thon (Hrsg.), *Game Studies: Aktuelle Ansätze der Computerspielforschung* (S. 165–209). Halem.

Flade, A. (2017). *Third Places – reale Inseln in der virtuellen Welt. Ausflüge in die Cyberpsychologie*. Springer Fachmedien. https://doi.org/10.1007/978-3-658-09688-5.

Foucault, M. (2019). *Überwachen und Strafen: Die Geburt des Gefängnisses* (W. Seitter, Übers.; 21. Aufl.). Suhrkamp.

Frerichs, S. (28 April 2023). *Machen Medien gewalttätig?* Die ARD. https://www.ard.de/die-ard/Machen-Medien-gewalttaetig-100.

Freyermuth, G. S. (2015). *Games, Game Design, Game Studies* (1. Aufl.). transcript Verlag.

game. (April 2022). *Computerspieler—Anzahl in Deutschland bis 2020*. Statista. https://de.statista.com/statistik/daten/studie/712928/umfrage/anzahl-der-computerspieler-in-deutschland/.

Game. (8 März 2025). *48 % der Spielenden in Deutschland sind Frauen Ob als Spielerinnen, Entwicklerinnen oder Creatorinnen—Frauen gestalten die Games-Welt…* [Post]. Bluesky. https://bsky.app/profile/gameverband.bsky.social/post/3ljufzv5v422k.

Geisberger, T., & Glaser, T. (2017). Gender pay gap. Analysen zum geschlechtsspezifischen Lohunterschied. *Statistische Nachrichten*, 6.

Griffiths, M., Arcelus, J., & Bouman, W. P. (2016). Video Gaming and Gender Dysphoria: Some Case Study Evidence. *Aloma: Revista de Psicologia, Ciències de l'Educació i de l'Esport*, 34(2), 59–66. https://doi.org/10.51698/aloma.2016.34.2.59-66.

Grittmann, E., & Thomas, T. (2018). Anerkennung und Sichtbarkeit. Impulse für kritische Medienkulturtheorie und -analyse. In T. Thomas, L. Brink, E. Grittmann, & K. de Wolff (Hrsg.), *Anerkennung und Sichtbarkeit: Perspektiven für eine kritische Medienkulturforschung*. transcript.

Hark, S. (1999). *deviante Subjekte. Die paradoxe Politik der Identität*. VS Verlag für Sozialwissenschaften. https://doi.org/10.1007/978-3-663-09665-8.

Hark, S. (2013). Queer Studies. In C. von Braun & I. Stephan (Hrsg.), *Gender@Wissen: Ein Handbuch der Gender-Theorien* (3., überarbeitete und erweiterte Aufl., S. 449–470). Böhlau.

Hasters, A. (2021). *Was weisse Menschen nicht über Rassismus hören wollen aber wissen sollten* (19. Aufl.). hanserblau.

Heller, S. (2023). *Ich spiele, wer ich bin. Über die Auslebung genderqueerer Identität in digitalen Räumen in Form von Videospielen* [Hausarbeit]. DIPLOMA University of Applied Sciences.

Hickethier, K. (2010). *Einführung in die Medienwissenschaft* (2. Aufl.). J.B: Metzler Verlag.

Jones, C. M., Scholes, L., Johnson, D., Katsikitis, M., & Carras, M. C. (2014). Gaming well: Links between videogames and flourishing mental health. *Frontiers in Psychology, 5*. https://doi.org/10.3389/fpsyg.2014.00260.

Klamt, M. (2007). *Verortete Normen: Öffentliche Räume, Normen*. Kontrolle und Verhalten: VS Verlag.

Krampe, T. (2018). Game Studies – No Straight Answers: Queering Hegemonic Masculinity in BioWare's Mass Effect. *Game Studies, 18*(2). https://gamestudies.org/1802/articles/krampe.

Lankoski, P. (2010). *Character-driven game design: A design approach and its foundations in character engagement*. Aalto University.

LGBTQ Video Game Archive. (o. J.). LGBTQ Video Game Archive. https://lgbtqgamearchive.com/. Zugegriffen: 5. März 2025.

Lippmann, W. (2010). *Public opinion: A classic in political and social thought*. Wilder Publ.

Lischer, S. (2014). *Das Potential von digitalen Spielen im Bereich von Prävention und Gesundheitsförderung.* 8.

LSVD[+] – Verband Queere Vielfalt e.V. (o. J.). *Öffnung der Ehe für gleichgeschlechtliche Paare: Fragen und Antworten*. LSVD – Verband Queere Vielfalt. https://www.lsvd.de/de/ct/1340-Oeffnung-der-Ehe-fuer-gleichgeschlechtliche-Paare-Fragen-und-Antworten. Zugegriffen: 10 Apr. 2025.

Lüsebrink, H.-J. (2016). *Interkulturelle Kommunikation: Interaktion, Fremdwahrnehmung, Kulturtransfer* (4., aktualisierte und erweiterte Aufl.). J.B. Metzler Verlag.

Maier, T. (2018). Von der Repräsentationskritik zur Sichtbarkeitspolitik. In R. Drüeke, E. Klaus, M. Thiele, & J. E. Goldmann (Hrsg.), *Kommunikationswissenschaftliche Gender Studies: Zur Aktualität kritischer Gesellschaftsanalyse* (S. 77–90). Transcript.

Marcotte, J. (2018). Queering control(lers) through reflective game design practices. *Game Studies, 18*(3). https://gamestudies.org/1803/articles/marcotte.

McGonigal, J. (2011). *Reality is broken: Why games make us better and how they can change the world* (Ed. with a new, 2. appendix). Penguin Press.

Medienpädagogischer Forschungsverbund Südwest (Hrsg.). (2022). *JIM-Studie 2022*. Medienpädagogischer Forschungsverbund Südwest.

Meier, M.-L. (2022). Von der Jungfer und Verführerin zur Heldin und Häretikerin. In A. Brandenburg & P. Färberböck (Hrsg.), *Play(his)story—Gender, Queerness und Geschichte von, in und mit Digitalen Spielen*. Paidia.

Menn, R. (24 Juli 2016). *Reaktionen auf Amoklauf—Von Waffen, Killerspielen und Soldaten*. Deutschlandfunk. https://www.deutschlandfunk.de/reaktionen-auf-amoklauf-von-waffen-killerspielen-und-100.html.

Möller-Leimkühler, A. M. (2005). Geschlechtsrolle und psychische Erkrankung. *Journal für Neurologie, Neurochirurgie und Psychiatrie, 6*(3), 29–35.

Morf, C. C., & Koole, S. L. (2014). Das Selbst. In K. Jonas, W. Stroebe, & M. Hewstone (Hrsg.), *Sozialpsychologie* (S. 141–196). Springer. https://doi.org/10.1007/978-3-642-41091-8.

Mukherjee, S. (2017). Videogames and Postcolonialism. *Springer*. https://doi.org/10.1007/978-3-319-54822-7.

Müller, A. (2015). *Diskriminierung auf dem Wohnungsmarkt*. Antidiskriminierungsstelle des Bundes.

O'Brien, R. T., Gagnon, K. W., Egan, J. E., & Coulter, R. W. S. (2022). Gaming preferences and motivations among bullied sexual and gender minority youth: An interview study. *Games for Health Journal, 11*(2), 79–84. https://doi.org/10.1089/g4h.2021.0059.

Pine, R., Fleming, T., McCallum, S., & Sutcliffe, K. (2020). The effects of casual videogames on anxiety, depression, stress, and low mood: A systematic review. *Games for Health Journal, 9*(4), 255–264. https://doi.org/10.1089/g4h.2019.0132.

Przybylski, A. K., Weinstein, N., Murayama, K., Lynch, M. F., & Ryan, R. M. (2012). The ideal self at play: The appeal of video games that let you be all you can be. *Psychological Science, 23*(1), 69–76. https://doi.org/10.1177/0956797611418676.

Queer Nation. (Juni 1990). *Queers read this*. Queer Resources Directory. http://www.qrd.org/qrd/misc/text/queers.read.this.

Queerlexikon. (23 August 2017a). *Inter* | Queer Lexikon*. https://queer-lexikon.net/uebersichtsseiten/inter/.

Queerlexikon. (4 September 2017b). *A_romantik | Queer Lexikon*. https://queer-lexikon.net/uebersichtsseiten/a_romantik/.

Queerlexikon. (28 September 2017c). *A_sexualität | Queer Lexikon*. https://queer-lexikon.net/uebersichtsseiten/a_sexualitaet/.

Queerlexikon. (28 September 2017d). *Trans und Nichtbinär | Queer Lexikon*. https://queer-lexikon.net/uebersichtsseiten/trans/.

Raessens, J. (2015). Playful identity politic: How refugee games affect the player's identity. In V. Frissen, S. Lammes, M. de Lange, J. De Mul, & J. Raessens (Hrsg.), *Playful identities. The ludification of digital media cultures*. Amsterdam University Press.

Reimann, S., & Hammelstein, P. (2006). Ressourcenorientierte Ansätze. In B. Renneberg & P. Hammelstein (Hrsg.), *Gesundheitspsychologie* (S. 13–27). Springer Medizin-Verl.

Reinecke, L., & Klein, S. A. (2015). Game Studies und Medienpsychologie. In K. Sachs-Hombach & J.-N. Thon (Hrsg.), *Game studies: Aktuelle Ansätze der Computerspielforschung* (S. 210–251). Halem.

Rivera, S. (2022). From battleground to playground: The video game avatar as transitional phenomenon for a transgender patient. *Journal of the American Psychoanalytic Association, 70*(3), 485–510. https://doi.org/10.1177/00030651221104487.

Rowe, A. T. (2010). Media's portrayal of homosexuality as a reflection of cultural acceptance. *Undergraduate Research Awards, 8.*

Ruberg, B. (2018). Queerness and video games. *GLQ: A Journal of Lesbian and Gay Studies, 24*(4), 543–555. https://doi.org/10.1215/10642684-6957940.

Ruberg, B., & Shaw, A. (Hrsg.). (2017). *Queer game studies.* University of Minnesota Press.

Schröter, F. (2018). Figur. In B. Beil, T. Hensel, & A. Rauscher (Hrsg.), *Game Studies.* Springer Verlag. http://journals.openedition.org/questionsdecommunication/13245.

Schröter, F., & Thon, J.-N. (2014). Video game characters. Theory and analysis. *diegesis. interdisziplinäres e-journal für erzählforschung, 3*(1), 40–77.

Sellers, M. (2006). Designing the experience of interactive play. In P. Vorderer & J. Bryant (Hrsg.), *Playing video games: Motives, responses, and consequences* (S. 9–24). Lawrence Erlbaum Associates.

Settle, A., McGill, M. M., & Decker, A. (2013). Diversity in the game industry: Is outreach the solution? In *Proceedings of the 14th annual ACM SIGITE conference on Information technology education*, 171–176. https://doi.org/10.1145/2512276.2512283.

Shaw, A. (2009). Putting the gay in games: Cultural production and GLBT content in video games. *Games and Culture, 4*(3), 228–253. https://doi.org/10.1177/1555412009339729.

Shaw, A. (2017). What's next?: The LGBTQ video game archive. *Critical Studies in Media Communication, 34*(1), 88–94. https://doi.org/10.1080/15295036.2016.1266683.

Siebler, K. (2016). Learning queer identity in the digital age. *Palgrave Macmillan UK.* https://doi.org/10.1057/978-1-137-59950-6.

Sieverding, M. (2004). Achtung! Die männliche Rolle gefährdet Ihre Gesundheit! *Psychomed, 16*, 25–30.

Smith, P. B. (2014). Sozialpsychologie und kulturelle Unterschiede. In K. Jonas, W. Stroebe, & M. Hewstone (Hrsg.), *Sozialpsychologie*. Springer Berlin Heidelberg. https://doi.org/10.1007/978-3-642-41091-8.

Snodgrass, J. G., Lacy, M. G., Francois Dengah, H. J., & Fagan, J. (2011). Enhancing one life rather than living two: Playing MMOs with offline friends. *Computers in Human Behavior, 27*(3), 1211–1222. https://doi.org/10.1016/j.chb.2011.01.001.

Sommer, K. (2017). Stereotype und die Wahrnehmung von Medienwirkungen. *Springer Fachmedien*. https://doi.org/10.1007/978-3-658-18518-3.

Spears, R., & Tausch, N. (2014). Vorurteile und Intergruppenbeziehungen. In K. Jonas, W. Stroebe, & M. Hewstone (Hrsg.), *Sozialpsychologie* (S. 507–564). Springer Berlin Heidelberg. https://doi.org/10.1007/978-3-642-41091-8

Süss, D., Lampert, C., & Trültzsch-Wijnen, C. W. (2018). *Medienpädagogik. Ein Studienbuch zur Einführung.* (3. Aufl.). Springer Fachmedien.

tagesschau.de. (2009, März 16). *Streit um „Killerspiele": „Pornos für die Aggressivität".* tagesschau.de. https://www.tagesschau.de/inland/killerspiele-ts-102.html.

Whitehouse, K., Hitchens, M., & Matthews, N. (2023). Trans* and gender diverse players: Avatars and gender-alignment. *Entertainment Computing, 47*, Article 100584. https://doi.org/10.1016/j.entcom.2023.100584.

Yee, N. (2006). Motivations for play in online games. *Cyberpsychology & Behaviour, 9*(6), 772-775.

Ludografie

BioWare. (2005). *Jade Empire* (Version Xbox) [Video game]. Microsoft.

BioWare. (2007). *Mass Effect 1* (Version PC) [Video game]. Microsoft Game Studios.

BioWare. (2010). *Mass Effect 2* (Version PC) [Video game]. Microsoft Game Studios.

BioWare. (2012). *Mass Effect 3* (Version PC) [Video game]. Microsoft Game Studios.

Black Isle Studios. (1998). *Fallout 2* (Version PC) [Video game]. Interplay Entertainment.

Blizzard Entertainment. (2004). *World of Warcraft* (Version PC) [Video game]. Activision Blizzard.

Bungie Studios. (2007). *Halo 3* (Version PC) [Videogame]. Microsoft Game Studios.

CD Projekt Red. (2015). *The Witcher 3* (Version PC) [Video game]. Bandai Namco.

Infinity Ward. (2007). *Call of Duty: Modern Warfare* (Version PC) [Video game]. Activision.

Lionhead Studios. (2008). *Fable 2* (Version PC) [Video game]. Microsoft.

Lionhead Studios. (2010). *Fable 3* (Version PC) [Video game]. Microsoft.

Maxis. (2009). *Die Sims 3* (Version PC) [Video game]. Electronic Arts.

Nintendo. (1998). *Legend of Zelda: Ocarina of Time* (Version Nintendo 64) [Videogame]. Nintendo.

Origin Systems. (1993). *Ultima VII Part Two: Serpent Isles* (Version PC) [Video game]. Origin Systems.

Piranha Bytes. (2001). *Gothic 1* (Version PC) [Video game]. Shoebox.

Remedy Games. (2010). *Alan Wake* (Version Xbox 360) [Videogame]. Microsoft Game Studios.

Ubisoft Montreal. (2007). *Assassins Creed 1* (Version PC) [Video game]. Ubisoft.

Ubisoft Montreal. (2016). *Watch Dogs 2* (Version PC) [Video game]. Ubisoft.

Warhorse Studios. (2018). *Kingdom Come Deliverance* (Version PC) [Video game]. Deep Silver.

Yager Development. (2012). *Spec Ops: The Line* (Version PC) [Video game]. 2K Games.

GPSR Compliance
The European Union's (EU) General Product Safety Regulation (GPSR) is a set of rules that requires consumer products to be safe and our obligations to ensure this.

If you have any concerns about our products, you can contact us on

ProductSafety@springernature.com

In case Publisher is established outside the EU, the EU authorized representative is:

Springer Nature Customer Service Center GmbH
Europaplatz 3
69115 Heidelberg, Germany

www.ingramcontent.com/pod-product-compliance
Lightning Source LLC
LaVergne TN
LVHW020332260326
834688LV00037B/992